거대한 기회

리더를 위한 미래창조 인사이드

거대한 기회

| 김종춘 지음 |

■ 프롤로그

창조를 낳는 창조지능

제2 한강의 기적을 논하고 있을 때가 아니다. 어제의 성공비결은 어제저녁에 버리고 오늘 아침에는 다르게 시작해야 한다. 어제와 달라진 오늘이기 때문이다. 지금은 달에 우주선을 쏘겠다는 1960년대가 아니다. 화성을 식민지로 만들겠다는 2010년대 중반이다. 우리가 제2 한강의 기적을 외치는 사이에 미국의 탐사선은 이미 화성에 안착했다.

왜 화성 식민지가 거론되는가. 기후변화에 따른 기상재해가 빈발하기 때문이다. 매년 800건이 넘는 기상이변이 속출하고 있다. 3경 원에 가까운 피해가 예상되는 등 치명적인 기후 불황이 닥칠 전망이다. 게다가 인공지능의 가속적인 팽창이 대규모 실업을 낳고 결국에는 장기적인 불황을 발생시킬 것으로 보인다. 스티븐 호킹 같은 과학자는 인공지능이 인류 문명의 종지부를 찍는 최후 업적이 될 것으로 우려하고 있다.

불꽃이 아니라 불길을 보아야 하고 물결이 아니라 물살을 보아야 한다. 세계적인 대격변의 흐름이 주는 위협과 기회를 먼저 간파해 위협을 피하고 기회를 붙잡을 수 있어야 한다. 이 시대의 강렬하고 지속적인 흐름은 기상이변과 인공지능이다. 기상이변에 따른 경제불황에 다 인공지능 혁명에 따른 경제불황이 겹칠 미래의 암울한 그림을 미리 그려볼 수 있기에 언젠가는 지구를 탈출해 화성을 중심으로 하는 우주 문명을 건설하자는 주장이 힘을 얻고 있는 것이다.

6,500만 년 전 운석이 충돌하면서 공룡이 멸망하고 인류 출현을 준비하는 서막이 열렸다고 하듯이 이제 기후 격변으로 지구 문명이 종말을 향해 내달리는 중에 우주 문명의 첫 삽을 뜨는 움직임이 나타나고 있다. 일론 머스크 같은 우주 기업인은 그 옛날 생명체가 바다에서 육지로 이동했던 것처럼 장차 인류가 지구에서 화성으로 이동하는 것이 가능하다고 본다. 인류는 숲에서 초원으로, 농장으로, 도시로 옮기며 지구 문명을 만들었는데 어느 날 훌쩍 지구를 떠나 우주 문명도 만들 수 있다는 것이다.

지구 온난화로 지구 온도가 6도 오르면 해수면보다 1미터 높은 저지대에 사는 1억 5,000만 명이 기후 난민이 되는 위험에 빠지게 된다. 대기 중 이산화탄소 농도가 20년 후에는 450ppm의 한계선도 돌파할 것으로 예상된다. 이미 생물 800종이 멸종 상태에 있다. 개인, 기업, 국가 등 모든 경제주체가 인류의 미래를 위해 이기심을 내려놓고 온실가스 감축에 나서는 길밖에 없다.

무인기, 무인차, 로봇, 슈퍼컴퓨터, 클라우드 플랫폼, 사물 인터넷,

산업 인터넷 등 인공지능의 파괴적인 혁신으로 새 일자리는 적게 만들어지고 기존의 일자리는 대거 사라질 것이다. 18C 후반의 산업혁명이 대량 실업, 기계 파괴운동, 그리고 공산주의 혁명을 초래했듯이 앞으로의 인공지능 혁명은 더 큰 규모의 실업, 인공지능 파괴운동, 그리고 제2 공산주의 혁명을 몰고 올지도 모른다.

어떻게 인공지능의 문제를 풀 것인가. 인간의 창조성이 답이다. 인공지능이 계산과 논리에서 앞설지라도 인간은 유연한 창조성으로 따돌릴 수 있다. 창조성의 방파제를 더 높이 쌓으면 인공지능의 쓰나미도 막아낼 수 있는 것이다. 창조성 발현을 위해서는 여러 방법이 동원될 수 있겠지만 연결과 융합이 핵심이다. 비계와 크레인이 없이는 건축할 수 없듯이 연결과 융합이 없이는 창조하기 어렵다. 연결과 융합은 창조의 탁월한 방식이다. 창조를 낳는 창조지능이다.

인류가 직면한 문제들이 한층 복잡해지고 있다. 하나의 각도로는 풀 수 없다. 다양한 사람의 다양한 각도가 필요하다. 연결하고 융합하지 않을 수 없다. 처음부터 탁월한 아이디어는 없다. 다른 아이디어들과 연결되고 충돌되고 융합되는 과정에서 점점 탁월하게 진화한다. 이전의 역사적인 것들을 나의 것과 잇는 연결지능, 그리고 남의 다른 것들을 나의 것과 엮는 융합지능이 인공지능을 이기게 한다. 연결과 융합의 창조지능은 이전에도 통했고 지금은 개화 중이며 앞으로는 더욱 만개할 것이다.

기후변화와 기상재해, 인공지능과 대규모 실업 등 미래의 난제 앞에서는 우리 모두가 인류의 일원이라는 자각으로 인류 차원에서 생각하고 행동해야 한다. 리더는 물론 보통 사람들도 지역성의 한계를 넘어설 수 있어야 한다. 특히 리더라면 현재의 문제에만 함몰되지 말고 기후변화와 인공지능이 야기할 미래의 대격변을 직시해 사람들을 준비시킬 수 있어야 할 것이다. 지역적인 현안에서 눈을 들어 미래의 쓰나미를 응시하는 리더가 많이 나와야 할 때다.

이 책에는 약 1,500개의 짧은 글이 압축파일처럼 엮여 있다. 두 줄짜리의 초단문이지만 책 한 권의 내용이 압축돼 있는 경우도 있다. 이 책 한 권이면 책 100권을 압축하는 효과를 얻을 수 있다. 10초면 한 문단씩 읽겠지만 압축파일이 풀리듯이 기후변화와 인공지능 등 미래의 난제에 대해 준비시키는 창조 인사이트들이 끝없이 쏟아질 것이다.

이 책이 산이라면 이 책의 2장은 산꼭대기이고 1장은 산 중턱이며 3장과 4장은 산기슭이다. 이 책은 창조 공정서이자 미래 준비서인가 하면 경영 전략서이기도 하다. 이 책을 통해 기상이변과 인공지능을 극복하는 연결과 융합의 창조 공정을 익히고 그래서 지속적으로 창조하면서 미래의 위협에 대비할 뿐만 아니라 더 큰 사회 공동체와 인류 공동체를 위해 공헌하는, 창조의 마스터가 될 수 있기를 기대해본다.

불패경영아카데미 대표 **김종춘**

CONTENTS

프롤로그 창조를 낳는 창조지능 · 4

변화와 창조

초음속 열차와 화성 식민지 · 15　나노로봇과 두뇌 팽창 · 17
뇌파로 기계를 작동한다 · 20　마음도 스캐닝한다 · 23
수명과 능력의 양극화 · 26　로봇의 자유와 책임 · 28
일자리 파괴가 처참하다 · 30　인공지능 혁명과 장기 불황 · 33
자율주행과 대량 실업 · 36　1인 1무인기 시대 · 39
로봇 친구와 로봇 애인 · 42　1인 첨단 가내공업 · 45
집중만 하면 도태다 · 48　늦게 움직이면 실격이다 · 51
재빨리 버려야 산다 · 53　홈런보다 적시타다 · 56
어딘가에 답은 있다 · 59　소유를 넘어 창조다 · 62
클라우드 로봇의 진화 · 65　인간과 기계의 시너지 · 68
인간다움이 로봇을 이긴다 · 71　맞춤형 인공지능 기자 · 74
강한 인공지능의 출현 · 77　제조업계의 급속한 재편 · 80
창조의 이면은 파괴다 · 82　공상도 현실이 된다 · 85
위대한 헛소리도 해야 한다 · 88　우주사업 각축전 · 90
소행성을 사냥한다 · 93　뉴프런티어는 화성이다 · 96
우주 문명의 준비 · 98　낭설은 정설이 된다 · 100

바이오 프린팅과 나노 프린팅 · 102   인류의 난제에 도전한다 · 105
살길은 창조뿐이다 · 108   다르게 질문하는 창조자 · 111
카오스에서 창조가 나온다 · 114   여러 관점에서 본다 · 117
활용이 더 중요하다 · 120   리더는 늘 혁신적이다 · 123
힘보다는 눈이 된다 · 126   레이더처럼 포착한다 · 129
개방성과 탐구정신 · 132

연결과 융합

창조를 만드는 창조 공정 · 137   망의 연결이 먼저다 · 139
모든 사물에 지능이 있다 · 142   만물이 다 조언한다 · 145
엔진에 로봇을 심는다 · 148   보안 없이는 모래성이다 · 150
스마트 스킨도 있다 · 152   고수는 연결의 천재다 · 154
연결해서 덧씌운다 · 156   자연과의 연결이 창조다 · 159
물총새 주둥이와 고속열차 · 162   혼자만의 발명은 없다 · 164
위대한 예술가는 훔친다 · 166   늘 다른 각도로 본다 · 168
해 아래 새로운 조합이 있다 · 170   포용과 교배여야 한다 · 173
키메라처럼 융합한다 · 176   이질적인 교류가 창조다 · 179
연결지능과 융합지능 · 182   어떤 창조도 합창이다 · 185
이제는 다 공동수상이다 · 188   초연결 사회와 초협력 · 190
팀이 천재보다 낫다 · 192   다감각의 교차와 융합 · 195
전인교육과 융합수업 · 198   경계를 넘나드는 창조인재 · 200

영감과 전략

흐름을 읽어야 리더다 · 205　추월이 아니라 초월이다 · 208
영감이 노력을 완성한다 · 211　생각의 충돌이 영감이다 · 214
대가들의 책을 읽는다 · 217　최소한에 최대한을 담는다 · 220
메시지 공급자가 승자다 · 223　가장 흔한 실패 이유 · 226
너무 많아도 질린다 · 229　큰 종은 쉽게 울리지 않는다 · 231
최선이 아니라 완주다 · 233　인생은 레미콘과 같다 · 235
깊이의 힘이 심금을 울린다 · 237　뱀이 코끼리를 삼킨다 · 239
착하기만 해서는 안 된다 · 241　너는 전략으로 싸우라 · 243
정면보다 배후를 친다 · 246　원칙과 변칙을 섞는다 · 248
겨울의 농한기도 필요하다 · 250

성찰과 인생

성공에는 행운도 있다 · 255　생명 자체가 행운이다 · 257
자연 앞에 아기일 뿐이다 · 260　기상이변은 살상무기다 · 262
인간이 만물의 적이다 · 265　덩치와 수치는 잊어라 · 267
인생은 인식의 확장이다 · 269　덜 사회적이어서 문제다 · 271
고객각성이어야 한다 · 273　시험을 거쳐야 사랑이다 · 275
압정은 밟으면 안 된다 · 277　접속세대와 저격수 · 279
불패가 최상의 전략이다 · 281　브레이크도 밟는다 · 283
나의 삶을 팔아야 한다 · 285　나의 재능부터 파악한다 · 288
나다운 주특기는 무엇인가 · 291　스스로 선택하고 고용한다 · 293
그림자가 없는 성공은 없다 · 295　손을 펴고 죽는 게 인생이다 · 298

에필로그　모범생 인재는 잊어라 · 300
부록　본문 주/참고문헌 · 303

어떻게 인공지능의 문제를 풀 것인가.
인간의 **창조성**이 답이다.
인공지능이 계산과 논리에서 앞설지라도
인간은 **유연한 창조성**으로 따돌릴 수 있다.

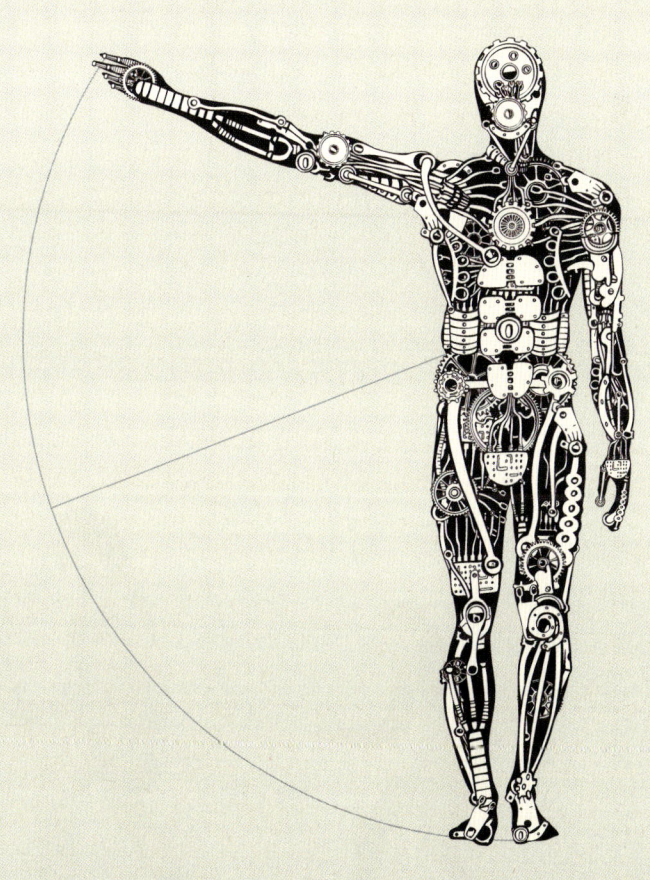

변화와 **창조**

세상이 단기간에 전격적으로 변하고 있다. 난공불락의 요새도, 절대적인 강자도 없다. 성을 쌓는 데만 골몰하면 곧장 도태다. 유연하게 변화하고 계속 창조해야 한다. 생각은 상상을 넘어 공상으로 치닫고 기술은 마술처럼 발전하고 있다. 공상도, 마술도 현실이 되는 시대다. 현재의 여건에 합당한 소리만 해서는 안 된다. 미래의 무한한 가능성에 비추어 위대한 헛소리도 해야 한다.

chapter

초음속 열차와 화성 식민지

요즘의 위인은 큰일을 직접 만들어내는 사람이라기보다는 큰 흐름의 변화를 읽고 거기서 큰 기회를 포착해내는 사람이다.

기후변화와 인공지능이라는 대변혁이 천 개의 미래와 만 개의 기회를 만들고 있다. 창조지능 리더십으로 붙잡아야 한다.

자기 안으로만 파고들지 말고 자기 밖의 큰 흐름을 읽어야 한다. 지금은 기후변화, 인공지능, 우주개발, 창조의 시대다.

인생이 정하는 대로 되는 것은 아니다. 목표를 정하고 추구해야 하겠지만 변화의 흐름을 살피고 따라가는 것이 중요하다.

내적인 심리가 바뀐다고 해서 삶이 바뀌는 것은 아니다. 외적인 변화의 기회를 감지하고 활용하는 것이 더 필요한 시대다.

제2 한강의 기적을 외치고 있는 중에 미국의 탐사선은 화성에 안착했다. 과거의 성공 방정식을 반복해서는 미래가 없다.

일론 머스크는 화성에 새 문명발상지를 만들자며 기염을 토했다. 제2 한강의 기적이니, 어쩌니 하면서 멈출 시간이 없다.

1969년 미국은 유인 우주선을 달에 보냈다. 우리는 2020년에 무인 우주선을 보내겠단다. 제2 한강의 기적으로는 안 된다.

한국이 10위 무역국가라고 해도 꼴등이나 마찬가지일 수도 있다. 1등이 아니면 꼴등이 되는 격변기로 치닫기 때문이다.

세상이 격변의 소용돌이에 휩싸여 있다. 군소 기업, 군소 대학이라도 구글이나 애플, 하버드대나 예일대와 싸워야 한다.

총알의 속도로 진공터널을 달리는 초음속 열차, 그리고 우주정거장으로 치솟아 오르는 우주 엘리베이터가 개발 중이다.

네덜란드는 지구 온난화에 따른 해수면 상승과 홍수에도 끄떡없는, 물 위의 아파트 '시타델'을 사상 처음으로 건설한다.

양자역학의 중첩과 얽힘의 원리에 기반을 둔 양자컴퓨터가 개발 중인데 그 연산능력이 슈퍼컴퓨터의 수십억 배라고 한다.

나노로봇과 두뇌 팽창

IBM은 2020년까지 인간의 두뇌를 닮은 컴퓨터와 공상과학과도 같은 양자컴퓨터 개발에 30억 달러를 투입할 계획이다.

니콜라스 네그로폰테에 따르면 특정 알약을 먹음으로써 혈류에 있는 특정 정보를 두뇌가 비축하는 날이 30년 안에 온다.

레이 커즈와일은 최고의 발명가이자 미래학자다. 그는 첨단 기술에 힘입어 인간 수명이 수백 년을 넘어설 것으로 본다.

레이 커즈와일에 따르면 인간의 지능과 수명을 생명공학이 늘리고, 나노공학이 더 늘리고, 로봇공학이 최고로 늘릴 것이다.

2045년쯤 나노로봇을 농원해 기계공학적으로 두뇌 기능을 개량하는 방식이 생명공학적인 방식을 압도하게 될 전망이다.

레이 커즈와일에 따르면 PC, 스마트폰, 안경의 형태로 인간과 융합해 온 컴퓨터 지능이 2030년쯤 두뇌 속으로 들어온다.

레이 커즈와일에 따르면 2030년쯤 혈관에 세포 크기의 나노로봇을 수십억 개 투입해 신경활동을 다 스캔할 수 있다.[1]

2030년 이후 스캐닝과 영상 촬영이 가능한 나노로봇들이 두뇌 혈관을 타고 들어가 두뇌 전체를 찍고 재편집할 것이다.

2030년쯤 나노로봇이 개발되면 혈류를 타고 적혈구 로봇, 백혈구 로봇, DNA 수리 로봇이 대거 활약하게 될 것이다.[2]

2030년 이후 세포 크기의 나노로봇이 수없이 투입돼 두뇌의 뉴런과 무선으로 연결되면 인간의 지능은 무한히 확장된다.[3]

레이 커즈와일에 따르면 2030년쯤 두뇌의 신피질과 클라우드 컴퓨팅이 연결됨으로써 방대한 사고능력이 생기게 된다.[4]

산업혁명 이후 기계가 인간의 육체적인 힘을 확대했던 것처럼 이제 인공지능이 인간의 정신적인 힘을 확대하고 있다.

두뇌에 다양한 인공지능 기기를 부착하면 다양한 인공지능을 추가로 확보하게 되는 인공지능 액세서리 시대도 열린다.

칩이나 전극을 활용한 두뇌-기계 인터페이스가 발전을 거듭하면 생각 신호만으로도 무인 비행기 등을 작동시킬 수 있다.

뇌파로 기계를 작동한다

전신마비 환자가 두뇌에 이식된 센서로 생각 신호를 보내면 컴퓨터가 명령어로 변환해 주변의 로봇을 작동시키게 된다.

전신마비 환자가 생각만으로 TV를 켜고 끌 수 있다. 두뇌와 TV 사이의 컴퓨터가 생각을 명령으로 바꾸기 때문이다.

두뇌-컴퓨터 인터페이스가 계속 발전하면 생각의 뇌파로 이메일을 보내고 TV를 켜고 스프링클러를 작동시킬 수 있다.

다리를 움직이겠다는 생각을 보내면 장애인의 로봇 다리에 부착된 컴퓨터가 명령으로 전환해 로봇 다리를 움직이게 한다.

2014년 브라질 월드컵에서 마비환자가 시축했다. 뇌파가 등의 컴퓨터를 통해 입는 로봇의 모터에 전달되는 방식이었다.

인공 손의 센서가 파지 감각을 전자 신호로 컴퓨터에 보내면 자극 신호로 바뀌어 두뇌가 촉감을 가질 수 있게 한다.

두뇌를 읽는 신경과학의 발달에 따라 생각의 뇌파로 각종 기기를 작동시키게 된다. 키보드, 마우스, 터치패드는 사라진다.[5]

재생의학의 발달로 2030년 콩팥과 간이 인공장기로 대체되고 두뇌-기계 인터페이스를 통해 생각으로 기계를 움직인다.

브라운대학교 연구팀의 '브레인게이트'는 인간의 뇌파를 원격으로 진단해 질병의 원인을 파악하는 모바일 의료단말기다.

제이슨 머코스키에 따르면 미래에는 작가의 두뇌에 고속 플러그를 꽂아 직접 작가의 상상력에 연결되고 참여할 수 있다.

원숭이의 신경 신호를 컴퓨터 속의 원숭이 아바타에게 전달하면 그 아바타가 해당 동작을 나타내는 기술은 이미 구현됐다.

이식된 칩을 통해 한 원숭이의 뇌파를 다른 원숭이의 척수에 접속된 전극에 보내 해당 동작을 구현하는 기술도 가능하다.

생각 신호와 무선 신호를 서로 변환할 수 있는 무선장치가 두뇌 속에 장착되면 두뇌끼리의 무선 텔레파시도 가능해진다.[6]

쥐와 쥐 사이, 인간과 쥐 사이뿐만 아니라 인간과 인간 사이의 뇌파를 연결해 동일한 동작을 일으키는 실험도 성공했다.

마음도 스캐닝한다

전기 쇼크와 장소 조작을 통해 쥐의 뇌에 가짜 장소를 기억시키는 실험이 있었다. 인공기억을 주입시키는 것도 가능하다.

투우의 뇌에 전극을 심어 전기 자극을 주면 투우의 돌진을 제어할 수 있다. 원숭이의 공격성도 그렇게 통제할 수 있다.

두뇌에 광섬유를 이식해 빛을 특정 뉴런에 자극함으로써 강박 신경증, 기억 상실증 등을 치료하는 방법을 연구 중이다.[7]

DARPA는 성폭력 등으로 괴로운 기억을 없애고 치매 등으로 잃은 기억을 회복하는 두뇌 임플란트 플랜을 진행 중이다.

인간의 지능이 기계화할수록 개인의 지식과 특성을 스캔하고 백업해서 계속 보존하고 계승하는 것이 가능할 전망이다.[8]

이전에는 육체적인 소멸이 정신적인 소멸을 의미했으나 앞으로는 마음의 파일들이 복사돼 딴 육체나 기계에 재생된다.[9]

마음의 파일만 있다면 자연적인 육체든지, 기계적인 육체든지 언제나 육체를 가질 수 있다. 마음의 파일이 곧 인간이다.[10]

영화 〈트랜센던스〉에서 사망하기 전에 전기 신호로 변환된, 천재 과학자의 두뇌는 슈퍼컴퓨터에 이식돼 다시 살아난다.

영화 〈트랜센던스〉에서 슈퍼컴퓨터에 이식된 천재 과학자의 두뇌는 온라인 상태로 접속돼 더 큰 힘을 얻고 진화한다.

영화 〈트랜센던스〉에서 디지털 파일 형태의 두뇌는 양자컴퓨터들과 결합되고 사람들과 연결돼 자기 복제를 확대한다.

영화 〈트랜센던스〉에서 강하고 악하게 진화되고 확대된 디지털 두뇌는 전력공급 차단과 바이러스 침투를 통해 제거된다.

한스 모라백에 따르면 두뇌의 마음이 컴퓨터의 기억장치에 이식되면 인간의 지능, 기억, 감정, 성격이 로봇으로 환생된다.

개인의 모든 의식이 두뇌와 컴퓨터 칩의 연결을 통해 다운로드된 경우도 인간인가. 포스트휴먼의 경계는 어디까지인가.

소프트웨어로서의 인간이 여기저기 하드웨어에 옮겨 다니며 존재하고 활동한다면 인간의 정체성과 정의는 과연 무엇인가.[11]

수명과 능력의 양극화

DARPA는 유충이 번데기로 변할 때 센서를 이식시킨 후 성충이 되면 원격조정하는 곤충 사이보그 계획을 추진 중이다.[12]

2030년쯤 모든 스마트폰과 아이들에게 위치추적 시스템과 마이크로 칩이 이식되면 유괴, 강도, 강간이 사라질 것이다.[13]

쌀알 크기의 RFID 칩이 인체에 이식돼 유전, 의료, 금융, 위치 등 개인의 신상 정보가 다 확인되는 시대가 오고 있다.

모든 사물이 센서로 연결되는 사물 인터넷 시대, 모든 일을 기계가 하는 초기술 시대에는 칩, 센서, 배터리가 핵심이다.

전기 자동차용 대형 배터리 시장뿐만 아니라 스마트워치 등 웨어러블 기기용 소형 배터리 시장도 급성장할 전망이다.

삼성SDI는 한 번 충전으로 4시간 가는, 휘어진 배터리를 이미 개발해 스마트워치 등 웨어러블 기기에 쓸 수 있게 했다.

사람과 사람 사이를 넘어 사람과 사물 사이, 사물과 사물 사이를 소통하게 하는 사물 인터넷의 중심에는 센서가 있다.

과학의 발달로 노화가 방지되고 인지가 향상된 미래형 인간이 나오면서 인간 사이에 수명과 능력의 격차가 극심해진다.

수술하지 않고 머리에 밴드를 두르기만 하면 두뇌에 전류가 흘러 치매 등 뇌질환을 치료할 수 있는 기술이 개발 중이다.

와이브레인이 개발 중인 휴대용 의료기기 '와이밴드'는 머리에 쓰기만 하면 두뇌에 전기 자극을 주어 치매를 치료한다.

신체의 분화세포에서 자연스레 발견되는 성체 줄기세포를 활용해 당뇨, 심장병, 암, 그리고 노화를 극복할 수 있게 된다.[14]

성체 줄기세포를 활용한 치료법은 간단하고 효과적인 표적 치료를 가능하게 함으로써 점차 외과 치료를 대체할 것이다.[15]

성체 줄기세포 치료처럼 나노기술 치료도 암세포의 표적 치료를 가능하게 한다. 암 치료는 라식 수술을 하듯이 쉬워진다.[16]

로봇의 자유와 책임

특정 DNA 염기서열을 잘라냄으로써 미리 질병 원인을 제거하는 '유전자 가위' 기술이 발전을 거듭해 곧 상용화된다.[17]

미래에는 바이오, 나노, 로봇 등 첨단기술의 진보를 활용할 수 있는 극소수와 그럴 수 없는 대다수로 차별될지도 모른다.

영화 〈엘리시움〉에서 1%의 최상층은 초호화 우주도시의 주민으로 누리고 99%의 극빈층은 버려진 지구에서 연명한다.

미래는 두 방향으로 폭주할 것이다. 전부 다 가지는 1%와 전부 다 잃는 99%다. 1%의 길에서 99%를 이끌고 가야 한다.

로봇이 어느 수준까지 도달하면 인간처럼 대우받을 것인가. 로봇에게 전기를 공급받고 해체되지 않을 권리가 있는가.

창조주 하나님이 인간을 자유의지를 지진 존재로 만들었듯이 자유롭게 결정하고 책임지는 로봇을 인간이 만들어낼 것인가.

로봇 윤리를 논하는 책,《왜 로봇의 도덕인가》에 따르면 프로그래밍이나 교육을 통해 로봇에게 도덕심을 심을 수 있다.

로봇에게 도덕심을 부여하려면 로봇공학, 철학, 도덕심리학, 신경윤리학, 인지과학, 진화생물학의 융합 연구가 필요하다.

미래의 인간은 자연 그대로의 인간, 기계와 결합된 사이보그, 인간의 모습을 한 휴머노이드 로봇으로 대별될 전망이다.

자연인으로서 인간은 멸종하고 바이오 공학적으로 개량된 인간이나 기계화된 인간만이 번성할 것이라는 예견도 있다.

첨단기술로 무장한 인간, 기계화된 인간, 로봇 인간의 출현으로 철학자, 윤리학자, 신학자의 가치 판단이 더 절실해진다.

과학적인 사실을 업신여기는 인문사회학이 미신과 같다면 인문사회학적인 가치 평가가 없는 과학은 살상 무기와 같다.

세롬 글렌에 따르면 산업 시대에는 국가, 정보화 시대에는 기업, 후기 정보화 시대에는 똑똑한 개개인이 권력을 갖는다.

일자리 파괴가 처참하다

이익집단끼리의 충돌, 크고 다양한 난제들의 돌출, 파괴적인 기술의 개인적인 활용으로 정부의 권력이 약화되고 있다.

의사결정이 빠르고 결속력이 강한 소수 엘리트들의 힘이 정부의 힘을 압도하면서 크고 세계적인 이슈를 주도할 것이다.

커뮤니티 중심의 온라인 가상화폐와 가내공업 장비인 3D 프린터의 확산으로 정부의 힘이 줄고 개인의 힘은 늘어난다.

발행기관도 없이 개인끼리 거래되는 가상화폐 '비트코인'의 결제상점이 폭증하면서 파괴적인 혁신을 일으킬 전망이다.

넷스케이프 창업자인 마크 앤드리슨에 따르면 PC와 인터넷이 그랬던 것처럼 앞으로 비트코인이 세상을 혁신할 것이다.[18]

첨단기술의 가속적인 발전에 따른 일자리 창출보다는 일자리 파괴가 훨씬 더 크다. 양극화는 갈수록 더 심해질 것이다.

20C의 국제기업들이 수천 명의 직원에다 대규모의 고정비를 떠안았다면 21C의 국제기업은 직원수과 고정비가 아주 적다.

안드로이드 개발팀이 구글에 팔렸던 당시 6명이 전부였다. 예전과 달리 요즘은 수십 명이 세계 시장을 감당할 수 있다.

2012년 페이스북이 10억 달러에 인수할 당시 사진공유 모바일 앱인 인스타그램은 가입자 4,000만 명에 직원 13명이었다.[19]

장밋빛 미래를 낙관하는 사람은 핏빛 태풍을 만날 것이고 핏빛 미래를 비관하는 사람은 장밋빛 피난처를 만날 것이다.

조선의 인조는 새롭게 부상하던 청나라의 존재를 무시했다가 3번 절하고 9번 머리를 찧는, 삼전도의 굴욕을 당했다.

큰 변화의 흐름을 놓치면 곧장 몰락이다. 모토로라는 디지털 휴대폰으로 변화하는 흐름을 무시했다가 급격한 추락을 맛보았다.

충성 고객은 없다. 충성 품질과 충성 제품이 있어야 할 뿐이다. 블랙베리 고객들은 아이폰의 출현으로 급격히 이탈했다.

바실리 레온티예프에 따르면 트랙터의 등장으로 농업에서 말이 사라졌듯이 기계의 발달로 산업에서 인간이 사라질 것이다.

인공지능 혁명과 장기 불황

토머스 프레이에 따르면 무인차, 3D 프린터, 온라인 공개수업 등으로 2030년까지 20억 개 이상의 일자리가 사라진다.[20]

2030년까지 세계의 일자리 중 80%가 사라지거나 바뀐다. 개인 프리랜서는 수백 개의 프로젝트를 전전하며 일할 것이다.[21]

프로 축구선수가 팀에서 뛰다가 방출되듯이 프로젝트 단위로 일하다가 방출되는 고용방식이 널리 확산될 것으로 보인다.

농업의 기계화가 대량 실직과 수요 위축을 초래해 경제공황을 부추겼듯이 산업의 지능화가 다시 그렇게 할지도 모른다.

18C 후반의 산업혁명이 대량 실업을 몰고 왔듯이 앞으로의 인공지능 혁명은 더 큰 규모의 실업 사태를 초래할 전망이다.

미래에는 컴퓨터 게임을 하듯 마우스로 전쟁을 하게 될 것이다.

인공지능의 가속적인 팽창으로 대량 실업 사태가 속출하고 그에 따른 소비위축은 장기 불황을 낳을 것으로 예상된다.

법률서비스 업계에서는 지능 프로그램이 도입됨으로써 1년 차 직원 500명이 처리하는 업무량을 1명이면 감당할 수 있다.

인공지능과 로봇은 톱클래스의 일자리만 남기고 대다수 일자리를 잠식할 전망이다. 중산층은 하층으로 전락할 것이다.

무인 항공기의 확산으로 탱크 등 재래식 무기를 만들던 업체들이 인원감축에 나섰고 육군의 직업군인도 줄어들 태세다.

사격 등을 수행하는 무인 전투차량, 그리고 스텔스 기능까지 갖춘 무인 공격기의 확산으로 전투 자동화가 진행 중이다.[22]

2025년 살인 로봇이 전쟁터를 누비게 되고 그러면 실내 칸막이에서 마우스를 움직이는 병사들이 전투를 좌우하게 된다.[23]

미국이 로봇 전투병 개발에 박차를 가하고 있다. 미국은 2030년까지 육군의 25%를 킬러 로봇으로 대체할 방침이다.

일정 수준의 자율성을 지닌, 자기 조직적인 소형 로봇 떼의 등장으로 2025년쯤 군사 시스템이 원격화할 것으로 보인다.[24]

똑똑한 기계가 등장함에 따라 지능형 수술과 지능형 전투가 가능해지고 그 결과, 의료와 군사 분야에서 사망자가 줄고 있다.[25]

자율주행과 대량 실업

머잖아 전기 자동차 운행이 크게 늘어나고 하늘을 나는 자동차도 상용화될 것이다. 주유소는 충전소로 대체될 운명이다.

전기 자동차와 무인 자동차의 충돌제어 시스템 작동에 따라 교통체증, 교통사고, 교통경찰, 교통보험이 없어질 것이다.

무인 자동차 운행이 늘어나면 교통사고의 90%가 사라질 전망이다. 세계의 교통사고 사망자는 매년 100만 명을 넘는다.[26]

무인 택배기와 무인 자동차의 확산으로 택배, 택시, 버스, 트럭 등의 운전기사가 치명타를 입거나 사라지게 될 전망이다.

무인 자동차의 보급으로 교통 신호체계가 바뀌고 대리운전이 없어지고 면허증, 면허시험, 면허학원도 사라지게 될 것이다.

무인 자동차가 확산되면 차 내부는 사무공간으로 재배치될 것이며 주차비, 주차장, 주차 관리인이 줄어들 것으로 보인다.[27]

무인 자동차의 안전한 운행으로 차 내부가 거실처럼 꾸며지고 안전벨트나 에어백은 더 이상 필요하지 않게 될 것이다.[28]

자율주행 기술의 발달로 로봇택시의 도어투도어 서비스가 등장하면 개인 승용차와 공공 운송차량이 대거 사라질 것이다.

로봇택시가 활성화되면 자동차의 구매비, 유지비, 보험비, 주차비를 없앨 것이며 집카 같은 공유 서비스로 대체할 것이다.

자율주행차의 확산으로 자동차 소유가 감소해 자동차산업에 타격을 가할 전망이다. 도시 차량의 70%는 사라질 것이다.

무인 항공기인 Drone이 정찰, 작전, 관제, 구호, 촬영, 택배, 농사 등에 투입돼 인간 노동력을 급격히 대체하는 중이다.

Drone이 군사 영역을 넘어 농사, 건설, 광산 채굴, 영화 제작, 화재 진압 등 다양한 영역에서 적용 범위를 넓히고 있다.

비료, 살충제, 제초제를 뿌리고 병충해, 수분량, 토질, 작황을 조사하는 등 농업에서 Drone 활용이 점점 많아지고 있다.

Drone을 교통 모니터, 기상 감시, 산불 감시, 불법어로 감시, 해양환경 감시, 해양수중 탐사, 자원탐사에도 활용 중이다.

1인 1무인기 시대

아마존은 수년 안에 Drone으로 최대 5파운드의 짐을 싣고 최장 10마일을 날아 물품을 배송하는 계획을 추진 중이다.

아마존은 스스로 주문사항을 읽고 직접 운반하는 창고관리 로봇 '키바'를 Drone과 연계시키는 물류 혁명을 꾀하고 있다.

구글은 무인기 '윙'으로 재난지역에 재해물자를 운반하는가 하면 택배 등 일반 물류도 담당하는 프로젝트를 추진 중이다.

태양 전지를 탑재한 무인기는 인터넷이 되지 않는 오지의 상공에 머물며 무선 인터넷 공유기의 역할을 수행할 수 있다.

무인기 시장이 급성장하고 있다. 군사용, 경찰용, 소방용뿐만 아니라 기업용, 개인용까지 다양한 기종이 활용되고 있다.

무인 항공기를 활용할 수 있는 영역은 거의 무궁무진하다. 자동차의 대중화처럼 1인 1무인기 시대가 도래할 것이다.

자율주행 기술이 자동차를 넘어 항공, 국방, 농업에 이르기까지 확산 중이다. 트랙터 등 자율주행 농기계도 이미 나왔다.

무인 자동차, 무인 항공기, 3D 프린터 등 첨단 기기들을 테러 집단이 사용하게 되면 세계는 더욱 혼란에 빠질 수 있다.

의료분야나 군사분야를 넘어 제조분야에까지 로봇이 대거 투입된다. 로봇이 주는 편리뿐만 아니라 위협도 직시해야 한다.

자동차, 의료, 군수, 우주탐사뿐만 아니라 교육, 업무, 엔터테인먼트, 헬스케어에서도 로봇 활용이 점차 확대되고 있다.

재난 구조용, 관공서 서비스용, 어린이 교육용 등 인간의 역할을 대체하는 휴먼 로봇 시장이 매년 30%씩 급증하고 있다.

아이로봇과 시스코의 협업으로 아바타 로봇 '아바500'이 개발됐다. 현장에 투입돼 화상회의와 업무감독을 대행할 수 있다.

영국에서는 사람의 얼굴 이미지와 표정을 다양하게 만들어내며 실시간으로 대화할 수 있는 최첨단 비서 로봇이 개발됐다.

장애인들이 움직일 수 있게 돕고 근로자들이 무거운 물체도 들 수 있게 돕는, 골격형의 입는 로봇이 이미 상용화 중이다.

군사용이나 산업용과 달리 일반인들을 대상으로 하는 청소 로봇, 인형 로봇 등 다양한 컨슈머 로봇들이 쏟아져 나오고 있다.

로봇 친구와 로봇 애인

의사소통과 감정교류를 통해 자폐아의 대화능력을 높이고 노인의 치매를 예방하는 생활형 로봇도 속속 등장하고 있다.

한국형 지능 로봇 '실벗3'는 대화도 하고 표정과 목소리로 감정도 표현한다. 퀴즈도 맞힌다. 치매예방용으로 쓰이고 있다.

프랑스 알데바란의 휴머노이드 로봇 '로미오'는 노인들의 도우미다. 목소리를 감지해 짧은 대화도 하며 거동을 돕는다.

산업용 로봇뿐만 아니라 가정용 로봇도 대량 생산이 불가피할 전망이다. 고령 인구의 수요가 급증하고 있기 때문이다.

주방 로봇 '시로스'는 칼로 채소를 잘라 샐러드를 만든다. 주전자의 물도 따른다. 고난도의 손가락 움직임이 가능하다.

로봇 시대에는 로봇이 친구와 애인이 될 지도 모른다.

일본의 구라스시는 시간당 3,500개의 초밥을 쥐는 스시 로봇을 도입함으로써 접시당 가격을 100엔으로 낮출 수 있었다.

간병인처럼 부드럽고 팔의 힘이 센 로봇이 머잖아 등장할 전망이다. 반려동물처럼 교감이 되는 로봇은 이미 등장했다.

MIT는 사진사, 이야기꾼, 메신저 등 다양한 기능을 수행해 가족관계를 촉진시키는 첨단 가정용 로봇 '지보'를 선보였다.

로봇 시대가 성큼 다가오면서 로봇이 가사 도우미를 넘어 친구도 되고 애인도 될 것이라는, 섣부른 전망도 나오고 있다.

미국에서는 헬스케어 로봇, 일본에서는 산업용 로봇이 유리하다면 ICT가 발달한 한국에서는 서비스 로봇이 유리하다.

이미 8개의 로봇 관련 업체들을 인수한 구글은 늦어도 10년 안에 '로봇 시장의 아이폰'을 출시할 것으로 예상되고 있다.

최첨단 로봇의 상용화가 확대되면 양성 비용이 많이 드는 우주 비행사와 비행기 조종사가 우선적으로 대체될 전망이다.

다양한 무인기의 등장으로 일자리가 없어지기 시작하는데 하물며 로봇의 등장이 몰고 올 일자리 파괴는 얼마나 심할까.

마이카 시대가 왔듯이 마이로봇 시대도 오고 있다. 자동차가 마차를 몰아냈다면 로봇은 일터에서 사람을 몰아낼 것이다.

1인 첨단 가내공업

로봇과 인공지능의 발달로 20년 후 택시 기사, 30년 후 가정 간호사, 50년 후 교수가 일자리를 잃게 될지도 모른다.

첨단기술의 발전으로 일자리가 대폭 줄겠고 3D 프린터의 확산으로 가내공업 형태의 일거리는 상당히 늘어날 전망이다.

앞으로 가정은 3D 프린터로 가정용품들을 찍어내는 홈 팩토리로 바뀔 것이다. 음식도 요리하지 않고 출력하게 된다.[29]

3D 프린터의 영역이 확대일로다. 도브테일드는 과일주스와 화학재료로 과일맛 젤리를 만드는 3D 과일 프린터를 선보였다.

몬델레즈의 3D 프린터 오레오 자판기는 바나나, 민트, 라임 등 원하는 맛을 누르면 2분 만에 오레오 쿠키를 만들어준다.

3D 프린터는 무엇이든지 소량 맞춤형으로 즉석에서 싸게 생산할 수 있게 한다. 1인 제조업 시대가 열리는 것이다.

3D 프린터와 디지털 제조의 확산으로 소량 다품종 생산이 쉬워질 뿐만 아니라 단 하나의 특별주문 생산도 가능해진다.

오픈소스 소프트웨어와 3D 프린터를 활용한 비용절감에 따라 수많은 사람들이 자가 제조업에 뛰어들 것으로 예상된다.

센서와 3D 프린터로 누구나 웨어러블 기기 시제품을 만들 수 있다. 반지 안에 전자태그 칩을 넣은 교통카드도 나온다.

기술 수준이 높아지고 가격 수준이 낮아지면 3D 프린터가 널리 보급될 것이고 3D 디자인의 거래도 활기를 띨 것이다.

옷, 가방 등의 디자인을 온라인으로 보내면 고가의 3D 프린터로 제품을 만들어주는 3D 프린팅 서비스가 활성화되고 있다.

3D 프린터로 인체의 주요 부위를 만들어내면 의사들이 수술 예행연습을 할 수 있어 수술 성공률을 대폭 높이게 된다.

3D 프린터는 초콜릿에서 인공뼈에 이르기까지 모두 다 만들 수 있지만 미세먼지, 불법복제, 무기제조 등의 문제를 낳는다.

3D 프린터의 확산으로 도면만 있으면 누구나 마음껏 복제할 수 있다. 창작의지가 꺾이고 지적재산권 분쟁이 많아지게 된다.

집중만 하면 도태다

몰입은 큰 성과를 내지만 맹점을 드러내기도 한다. 상황의 흐름을 보지 못하게 하고 남들의 마음을 읽지 못하게 한다.

몰입하면 역량을 키우고 관찰하면 지혜를 얻는다. 그러나 몰입만 하면 낡아빠지고 관찰만 하면 기반을 쌓지 못한다.

대체로 학문과 연구 영역에서는 일관성이 더 필요하겠지만 전쟁과 비즈니스 영역에서는 유연성이 더 필요하다.

집중과 유연성은 선택적이다. 변화가 느린 영역이면 집중이 더 요구되고 변화가 빠른 영역이면 유연성이 더 요구된다.

목적지를 응시하면서도 바람과 파도의 흐름을 살펴야 한다. 핵심역량에 집중하면서도 새 흐름의 출현을 감지해야 한다.[30]

변화가 크고 돌발적일수록 유연성이 살길이다.

격변하고 격동하는 시대에 집중만 하면 곧 도태다. 집중하는 동안 딴 영역의 변화를 알려줄 조언자들이 곁에 있는가.

집중하면 역량을 키울 수 있지만 변화의 흐름을 놓지기 쉽나. 집중하되 변화의 흐름을 추적하는 데도 집중해야 한다.

과거의 가치, 기준, 환경에 그대로 머물러 있으면서 시도하는 변화가 아니라 시대의 흐름을 살피고 타는 변화여야 한다.

치밀하게 준비한다고 해도 완벽할 수 없고 돌발변수나 시행착오도 생긴다. 처음의 계획을 유연하게 바꾸기도 해야 한다.

큰 덩치가 이기는가, 빠른 유연성이 이기는가. 평상시에는 큰 덩치가 이기겠으나 비상시에는 빠른 유연성이 이긴다.

미래로 갈수록 폭우, 폭설, 폭염과 같은 기상이변이 잦아지고 극단주의자들의 테러도 심해진다. 이제는 뭉칠수록 몰살이다.

기상이변과 기술발전으로 격변하는 시대다. 최우선은 생존이다. 성공은 보너스다. 격변기의 생존기술은 유연성이다.

변화가 크고 급하고 돌발적일수록 유연성이 살길이다. 맥가이버처럼 가진 것만으로 문제를 해결하고 살아남아야 한다.

늦게 움직이면 실격이다

촘촘히 파악하고 준비하되 느린 의사결정보다는 대강 파악하고 준비하되 빠른 의사결정이 더 낫다. 격변기이기 때문이다.

페이스북은 직원들에게 빠르게 움직이며 혁신하라고 주문한다. 완벽을 추구하느라고 늦게 움직이다가는 실격당하고 만다.

잭 웰치는 기업경영에 있어 속도전의 선두였다. 하지만 그는 너무 두려운 나머지 더 빨리 행동하지 못했다며 후회했다.

무거우면 침몰한다. 가벼워야 살아남고 혁신할 수 있다. 위협의 빈도가 잦아지는 시대다. 홀가분한 자유가 최상의 전략이다.

과자처럼 가볍게 스마트폰으로 즐기는 '스낵 컬처'가 유행이다. 길이가 짧은 만화, 드라마, 책이지만 빠르고 강하고 깊다.

한 줄의 짧은 글과 한 장의 강렬한 이미지가 박사학위 논문을 압도하는 SNS 시대다. 스낵 컬처의 힘이 점증하고 있다.

요즘 자동차를 선택하는 기준이 속력과 연비로 통일되는 것 같다. 무거움의 시대가 가고 가벼운 자유의 시대가 온 것인가.

인생은 야생마에 더 가깝다. 경주마의 목표와 길은 늘 정해져 있지만 야생마의 길과 목표는 지형에 따라 수시로 바뀐다.

어제와 같은 오늘은 없다. 어제의 해법이 오늘의 상황에서는 작동되지 않는다. 오늘은 오늘의 해법으로 풀어야 한다.

1등이 된 후에도 1등이 되기까지의 방식을 고수한다면 1등을 계속 유지할 수 없다. 위치에 따라 방식도 바꾸어야 한다.

늘 통하는 전략은 없다. 불변의 법칙도 없다. 마법 같은 공식도 없다. 오늘의 상황에는 오늘의 방식이 있어야 한다.

위기의식이 강할지라도 대응책이 이전의 방식이라면 실패한다. 달라진 상황에서는 이전과 다른 대응책이 나와야 한다.

창조경제 시대에서는 성공이 실패의 어머니다. 이전에 통하던 성공 방식을 버리고 다른 관점에서 다시 보아야 한다.

재빨리 버려야 산다

화산학자들은 세인트 헬렌스 화산이 하와이 화산과 같을 것이라며 방심했다. 그러나 측면이 터지며 큰 재앙을 남겼다.[31]

과거의 가사, 정서, 창법을 아주 버리자 미래의 조용필이 재탄생됐다. 과거의 나를 버리지 않고서는 미래의 나는 없다.

카카오톡의 잇따른 성공에도 불구하고 유료 콘텐츠 장터인 카카오페이지는 크게 고전했다. 항상 먹히는 비결은 없다.

디지털 혁명은 멈추지 않는다. 전방위로 잠식 중이다. 재빨리 수용하든지, 아니면 코닥이나 노키아처럼 추락할 것이다.

코닥은 제일 먼저 디지털카메라를 개발했고 디지털카메라가 필름 카메라를 대체할 것도 알았지만 안주하다가 파괴됐다.

고정관념은 천재라도 바보로 만든다.

코닥은 디지털 혁명을 예견하고 준비했지만 황금알이던 필름을 버리지 못해 몰락했고 후지필름은 신속하게 버려서 살았다.

노키아는 하드웨어 기술로 최강이 됐지만 소프트웨어 기술을 소홀히 해 아이폰 등장 이후 휴대폰 시장에서 아예 사라졌다.

한때, 세계 1위의 PC 메이커였던 델컴퓨터는 모바일 시대의 파고를 넘지 못하고 상장 폐지됐다. 변화는 파괴이기도 하다.[32]

고정관념은 천재라도 바보로 만든다. 아인슈타인은 블랙홀이 절대로 생성될 수 없다며 이론적으로 증명하기까지 했다.[33]

지구 중심에서 태양 중심으로, 다시 우주 팽창으로 바뀌었고, 심지어 다중 우주로 바뀌고 있다. 최대의 적은 고정관념이다.

처음부터 지금과 같은 우주였다는 정상 우주론이 아니라 태초의 폭발로 우주가 시작됐고 팽창한다는 빅뱅이론이 정설이다.

우주는 가속적인 팽창을 지속한다. 수많은 별이 생성하고 소멸한다. 안정적으로 고정돼 있는 것은 그 어디에도 없다.

우주론에 따르면 우주의 팽창은 멈추지 않고 양자론에 따르면 전자의 위치는 불확정의 확률이다. 불변하는 것은 없다.

우주의 끝과 원자의 속은 다 볼 수도, 알 수도 없다. 물리학의 결국은 형이상학과 철학이다. 물리학은 최상의 상상학이다.

홈런보다 적시타다

젊은 아인슈타인은 상대성이론으로 뉴턴의 물리학을 수정했지만 후반기에는 보어 학파의 새 양자역학을 수용하지 못했다.

양자론은 돌턴, 톰슨, 러더퍼드, 채드윅, 보어, 슈뢰딩거, 하이젠베르크를 거쳐 힉스 입자, 끈이론에 이르기까지 수정됐다.

원자를 입자라고, 파동이라고 했다가 훨씬 더 작고 유연한 끈이라고 한다. 극소의 원자도, 극대의 우주도 불확정적이다.

칼 세이건에 따르면 전자 안에는 또 다른 세계가 있을 것이고 그다음 수준에서도 그럴 것이다. 끝이 없는 미지수다.[34]

처음부터 지금과 같은 대륙들의 모습이었다는 정상 구조론이 아니라 대륙 판의 이동을 이야기하는 판 구조론이 정설이다.

지구에서는 매일 번개가 4만 번쯤, 매초 벼락이 100번쯤 때린다. 공기는 끊임없이 움직이며 바람, 구름, 비를 만든다.

인체에 1경 개의 세포가 있는데 매일 수십억 개씩 죽는다. 대략 한 달 만에 대다수가 죽고 거의 새 몸으로 거듭난다.

지구는 돌고 세상은 바뀐다. 말뚝처럼 고정된 기준은 없다. 대상과 상황의 변화에 따라 기준도 유연하게 바뀌어야 한다.

대상과 상황은 늘 바뀐다. 원안대로 되지는 않는다. 비법 같은 것은 없다. 그때그때 유연한 순발력이 요구될 뿐이다.

급변하는 환경에서는 장타나 홈런보다 적시타가 낫다. 완벽한 계획보다 적시에 실행할 수 있는, 날렵한 계획이 좋다.

처음에 구상한 대로 되는 일은 없다. 좀 느슨한 전망, 다소 헐거운 계획, 그리고 끈질긴 실행이 더 나은 길로 이끈다.

10년이 아니라 한 달 만에 강산이 변한다. '지금 이대로'는 없다. 전통도, 규칙도 작동되지 않는다. 유연한 변화뿐이다.

세상은 금세 평평하고 뻥버심해신다. 그래서 뾰족한 것을 찾는다. 나에게 그런 것이 있는가. 계속 그것을 다듬는가.

다윗은 돌팔매로 골리앗을 이겼다. 지금은 핵탄두 미사일로 싸우는 시대다. 바뀐 시대에는 바뀐 생각과 무기로 싸운다.

어딘가에 답은 있다

변화가 한층 빠르고 잦다. 어제의 최선의 결정이 오늘에는 안 먹힌다. 더 자주 재조정하고 재배치하는 수밖에 없다.

변화의 가속도를 따라잡지 못하는 지체자들이 모든 연령층에서 속출하고 있다. 변화와 관련된 교육과 재교육이 답이다.

남들의 성공을 많이 분석한다고 해도 내가 성공하지는 못한다. 미래의 환경에서 미래의 성공이 만들어지기 때문이다.

인공지능, SNS, 모바일 경제, 공유경제 등 메가 트렌드와 함께 싱글족, 힐링 등 마이크로 트렌드도 관찰하고 활용한다.

자동차, 숙소, 옷, 책은 물론 노동력까지 공유해 새 비즈니스를 창출하는 공유경제가 창조경제의 핵심으로 부상 중이다.[35]

사람들이 많이 몰리는 흐름 중에는 탈 것도 있고 피할 것도 있다. 창조경제가 탈 것이라면 다단계경제는 피할 것이다.

인생은 확률 게임이다. 과거는 다 확률이 1이지만 미래는 다 확률이 1이 아니다. 미래는 항상 불확실하고 불안정하다.

어딘가에 답은 있다. 생각하고 관찰하면 답이 나온다. 그다음은 지속적인 변화다. 생각하고 관찰하고 답을 찾고 변화한다.

막연히 두 손을 놓고 기다리기만 하는 인내가 아니라 부지런히 두 손을 움직이며 계속 변화를 만들어내는 인내여야 한다.

기업과 사람은 너무 변하지 않아도, 지나치게 변해도 망한다. 또 너무 일이 없어도, 지나치게 일이 많아도 망한다.

산소에 독성이 있다. 쇠도 산화시킨다. 그런데 인간은 산소를 마시고 산다. 적응의 결과다. 적응한 다음에는 도전이다.

일산화질소는 지독한 오염물질이지만 인체가 그것을 생성해 혈액의 흐름을 조절하게 하는 등 다양한 기능을 수행한다.[36]

심장이 뛰고 숨을 쉬는 한, 인간의 불안감은 계속된다. 불안감을 떠안은 채, 적응하고 도전하고 창조하는 것이 인생이다.

인간의 자연 적응력은 상대적으로 약하다. 덥거나 춥거나 메마르거나 습하면 살 수 없다. 그래도 사유능력은 탁월하다.

소유를 넘어 창조다

빛은 늘 우주의 최고 속도로 움직이며 새로운 시간을 만들어내고 인간은 그 시간을 사용하며 새로운 가치를 만들어낸다.

재벌이 되겠다든지 하는 것은 욕망이고 세상을 창조하겠다든지 하는 것은 꿈이다. 욕망하면 가지겠지만 꿈꾸면 창조한다.

힘과 부를 얼마나 가질 것인가. 세상과 미래를 얼마나 창조할 것인가. 소유 중심이면 야망이고 창조 중심이면 사명이다.

컴퓨터는 신체 밀착형으로, 로봇은 인력 대체형으로 진화 중이다. 창조형 인간이어야만 컴퓨터와 로봇을 이길 수 있다.

수백 년이 흘러 가마가 하늘을 나는 자동차로 바뀌었듯이 현재의 로봇은 영화 〈트랜스포머〉의 전투용 로봇으로 바뀐다.

가까운 미래에 인간은 로봇의 지배를 당할지도 모른다.

로봇학자 한스 모라백에 따르면 2040년에 인간 수준의 로봇이 나오고 2050년에는 인간을 능가하는 '로보 사피엔스'가 나온다.

2050년쯤 인간은 인체의 중요한 부분을 로봇화하든지, 아니면 고도의 지능을 갖춘 로봇한테 지배당하든지 할 것이다.[37]

2050년 이후 인간의 생각, 기억, 마음이 로봇에게 옮겨지든지, 아니면 로봇의 초지능이 인간을 추월하든지 할 것이다.

로봇 의사가 인간의 두뇌를 스캔해 로봇에 이식하면 인간의 마음이 계승된다. 그래도 초지능 로봇에 비해서는 열등하다.[38]

생명공학적으로 개량된 초인일지라도 초지능 로봇에 비하면 지구 밖에서 살기 어려운 이류 로봇에 지나지 않을 것이다.[39]

인간의 두뇌는 작동이 더디고 진보도 느리다. 망가지면 회복이 어렵다. 로봇의 인공지능은 작동이 빠르며 고치기도 쉽다.

인간을 유지시키려면 다양한 의식주와 돌봄이 있어야 한다. 로봇은 전기 하나만 먹여주면 된다. 유지 비용이 아주 싸다.

초지능 로봇은 인간이 하기 어렵거나 할 수 없는 일을 하는 게 아니라 스스로 다른 로봇을 만들며 진화를 거듭할 것이다.

인간은 로봇으로 우주 식민지를 만들겠지만 자기 복제가 가능한 초지능 로봇은 인간을 남기고 우주 탐험을 떠날 것이다.[40]

클라우드 로봇의 진화

인간 지능의 근원도 다 알지 못하는데 어찌 인공지능이 인간 지능을 능가하겠는가. 하지만 인공지능의 발전은 초고속이다.

자연인으로서의 인간 지능이 점진적으로 발전한다면 로봇 지능은 광속도로 발전할 것이다. 인간이 로봇을 이길 수 있는가.

2040년대가 되면 비생물학적인 로봇 지능도 감정적이고 영적인 경험을 한다고 주장할 것이다. 유머도 가능할 것이다.[41]

영화 〈A.I.〉에서처럼 지능이 있는 휴먼 로봇이라면 딴 로봇이나 인간과의 관계를 통해 지식을 확보하고 축적할 수 있다.

거울을 보고 자신의 동작을 인지하고 딴 로봇과의 소통을 통해 로봇 언어도 만들 수 있는 초보 로봇이 이미 나와 있다.

일본에서는 뉴스캐스터 역할도 시연하는 인간형 로봇이 등장했다. 말을 잘하고 감정을 전달하며 물건도 받을 줄 안다.

프랑스 알데바란의 휴머노이드 로봇 '페퍼'는 청소도, 요리도 못하고 힘도 없지만 인간의 감정을 읽고 대화할 수 있다.

알데바란과 합작으로 페퍼 로봇을 만든 소프트뱅크는 2015년쯤 PC 가격 수준으로 출시해 서비스 직종에 투입할 계획이다.

페퍼 로봇은 클라우드 방식으로 인간과의 경험을 축적하고 다른 로봇들의 경험을 공유하면서 인공지능을 계속 강화한다.

유럽에서는 클라우드 컴퓨팅 방식의 데이터 네트워크 '로보어스'를 공유해 로봇들이 서로 경험을 나누고 학습하게 한다.

로봇의 외형만 있으면 소프트웨어와 데이터를 클라우드로 로봇끼리 공유하는 클라우드 로봇의 개발이 속도를 내고 있다.

로봇을 필두로 하는 기계 지능이 인간 지능을 추월할 때쯤이면 인간과 기계의 공존이 최선의 시나리오로 떠오를 것이다.

기계와의 경쟁에서 인간은 이길 수 없다. 기계를 경쟁의 대상이 아니라 협력 파트너로 삼아야 생존할 수 있을 것이다.[42]

대체로 로봇은 계산하고 분석하는 체스 선수와도 같다. 하지만 모험하고 협력하는 음악가와 같은 로봇도 등장하고 있다.

인간과 기계의 시너지

애니메이터, 재즈 음악가, 로봇학자인 가이 호프만은 인간과 교감하고 소통하고 협력할 수 있는 로봇을 연구하고 만든다.

가이 호프만에 따르면 강아지처럼 인간의 희로애락에 반응하고 즉흥적으로 연주하고 협연할 수 있는 로봇도 가능하다.

컴퓨터가 약한 창의력에서 인간은 강하며 인간이 약한 계산에서 컴퓨터는 강하다. 서로 결합하면 강한 시너지가 나온다.[43]

기계는 하지 못하는데 인간만이 할 수 있는 일은 점점 없어지고 있다. 인간끼리의 경쟁보다 기계와의 경쟁이 치명적이다.

기계 지능이 인간 지능을 압도하게 되면 대다수의 인간은 도시를 떠나 수렵과 채취의 삶으로 회귀해야 할지도 모른다.

로봇은 식사도, 교대 근무도 하지 않고 화장실도 가지 않고 24시간 일한다. 사업주에게는 축복이고 근로자에게는 저주다.

로봇은 슬로바키아어로 '노동'이라는 뜻이다. 인간의 노동을 대신하려고 만든 로봇에 의해 인간이 추방될 운명이다.

가정, 학교, 병원에서 다양한 서비스 로봇을 활용 중이며 공장에서는 2030년이면 로봇이 인간을 완전히 대체할 전망이다.

체력은 물론 지성과 감성에 있어서도 로봇이 많은 사람을 능가할 것인가. 로봇이 미치지 못할 영역은 종교성뿐인가.

하이테크 로봇이 인간을 지배하는 초기술 시대가 다가오고 있다. 하이콘셉트의 초지성과 하이터치의 초감성이 답이다.

컴퓨터 지능이 체스 대회와 퀴즈 대회에서 인간을 제쳤다고는 하나 위대한 음악, 소설, 비즈니스를 창출하지는 못한다.

컴퓨터 지능이 수학적, 규칙적, 반복적인 업무에서는 두각을 나타내지만 직관적, 창의적, 돌발적인 영역에서는 무능하다.

인간의 두뇌는 연속적인 계산능력에서는 컴퓨터에 뒤지지만 은유 사용, 패턴 인식, 독심술에 있어서는 컴퓨터를 앞선다.

컴퓨터 지능과 로봇 지능을 이기려면 상상력과 직관력, 호기심과 탐구정신, 소통 지수와 공감 지수를 강화해야 한다.

인간다움이 로봇을 이긴다

기획, 디자인, 정신건강, 노인행복 등 인간다운 특성이 요구되는 분야에서는 인간이 기계를 계속 이길 수 있을 것이다.

인간이 기계 지능을 따돌리려면 기계적이고 반복적인 일관성보다는 인간적이고 예측 불허한 비일관성을 드러내야 한다.

합리적인 이성, 수학적인 논리, 순차적인 분석이 기계다움이라면 비합리성, 비논리성, 통찰력, 감정, 실수는 인간다움이다.

인간이 추상, 유추, 비유, 비판 등의 사고 능력을 더 강화하면 고도의 지능을 갖춘 로봇이라도 따돌릴 수 있을 것이다.

로봇의 진화로 회계사 등 전문직마저도 사라질 것이다. 진정한 복지는 창의적이고 비판적인 사고를 길러주는 교육이다.

사고를 좀 할 줄 아는 정도로는 초지능 로봇을 제치기 어려울 것이다. 사고의 깊이가 강물처럼 흐르는 사상가여야 한다.

연결과 융합의 창조성이 고도로 발현돼야 한다. 창조성의 방파제를 더 높이 쌓으면 인공지능의 쓰나미도 막을 수 있다.

혼다와 도요타가 휴먼 로봇 개발에 돈을 퍼붓고 있다. 로봇 기술이 무인 자동차에서 그대로 구현될 수 있기 때문이다.

구글은 DNN리서치, 딥마인드, 플러터 등의 인공지능 관련 기술을 보스턴 다이내믹스의 휴먼 로봇에 녹여내고 있다.

구글이 인공지능과 무선통신으로 무인 자동차와 운송 로봇을 엮어 세계 물류시장을 장악할 태세다. 가히 구글 천하다.

구글은 검색, 구글 맵스, 구글 플러스, 안드로이드 등 다양한 도구로 머신 러닝과 그 너머의 인공지능을 추구하고 있다.

구글의 검색도 텍스트에서 이미지와 음성으로, 동영상 속의 인물과 사물로, 감각과 감정과 생각으로 진화하고 있다.[44]

컴퓨터가 스스로 판단해 음성 인식, 자동 통역, 사물 인식의 정확도를 높이는 딥러닝 기술에서 구글 등이 앞서고 있다.

일상어 수준의 인식, 판단, 답변을 담당하는 음성 인식기술이 인공지능의 핵심이다. 얼굴표정 인식기술도 개발 중이다.

음성 인식기술, 얼굴표정 인식기술 등 여러 인식기술이 개발돼 인터넷 검색, 웨어러블 기기, 로봇에 사용될 예정이다.

맞춤형 인공지능 기자

마이크로소프트의 윈도폰 비서 '코타나'는 구글 나우와 애플 시리의 장점만 골라서 만들어낸 음성 인식 프로그램이다.

뉴질랜드의 오클랜드대학교는 인공지능 프로그램 아기 '베이비 X'를 선보였다. 언어를 배우고 감정을 표현하며 자란다.

13세 소년으로 설정된 컴퓨터 프로그램 '유진'이 튜링 테스트를 통과해 인간과 같은 인공지능의 가능성을 열어주었다.

알고리즘에 따라 단순한 기사화 작업을 수행하는 인공지능 기자가 점점 진화하면서 기자의 일자리를 잠식할 수도 있다.

키보드 앱 '스위프트키'는 SNS 등에 글을 쓰는 사용자 습관을 학습해 사용자가 쓰려고 하는 단어를 예측해 알려준다.

인공지능 기자가 점점 진화하면 미래에는 기자 직업이 사라질지도 모른다.

내러티브 사이언스는 '스탯멍키'라는 알고리즘을 통해 야구 기사를 생산한 데 이어 기업실적 분석기사까지 만들고 있다.

인공지능 시스템 '워드스미스'는 클라우드 기반의 수많은 데이터를 활용해 단시간에 수백만 가지의 기사를 써낼 수 있다.

앞으로 부자들은 워드스미스가 SNS 데이터까지 동원해 쓴 맞춤형 기사를 프리미엄 구독료를 지불하고 소비할 전망이다.

커리어캐스트에 따르면 향후 사라지게 될 10대 직업 중 하나는 신문기자다. 뉴미디어와 인공지능 기자의 출현 때문이다.

보조 작가나 대필 작가를 따로 두지 않아도 된다. 데이터 처리능력이 탁월한 인공지능 작가를 활용할 수 있기 때문이다.

스웨덴의 언어학자, 경제학자, 물리학자인 스베커 요한슨은 소프트웨어 봇으로 1일 최대 1만 건을 위키피디아에 올린다.

인공지능 프로그램을 활용한 데이터 생성이 급증하는 양상이다. 머잖은 장래에 인간의 데이터 생성량을 능가할 전망이다.

딥 놀러지 벤처스는 인공지능 프로그램 '바이털'을 이사로 임명해 투자 데이터 분석과 투자처 결정에 활용하고 있다.[45]

퓨처 어드바이저는 순식간에 빅데이터를 처리할 수 있는 인공지능 애널리스트를 통해 개인 금융자문을 저렴하게 제공한다.

강한 인공지능의 출현

영화 〈그녀〉에 나오는 인공지능 OS '사만다'는 육체가 없지만 의식을 가지고 인간과 교감하고 소통하며 의식을 확장한다.

인공지능의 학습속도는 사람보다 훨씬 빠를 것이다. 사람이 20년 동안 배우는 학습량을 기계는 몇 주 만에 배울 것이다.[46]

슈퍼컴퓨터가 체스 대회와 퀴즈 대회에서 인간을 이겼다. 인공지능이 인간을 능가하는 미래의 일부가 이미 다가와 있다.

IBM은 슈퍼컴퓨터 '왓슨', 구글은 인공신경망팀, 페이스북은 인공지능팀, 애플은 시리로 인공지능 연구개발에 열심이다.

IBM의 왓슨은 2억 장의 자료를 3초 만에 파악하고 답을 제시할 수 있다. 이미 의료와 금융 등의 분야에서 활용되고 있다.

IBM의 왓슨 요리사 앱은 식재료를 조합해 전혀 새로운 요리 레시피를 제공하는 등 요리사의 창의력을 높여줄 수 있다.

IBM에 따르면 2017년쯤 인간의 오감 능력을 능가하는 오감 컴퓨터가 등장해 인간의 의사결정을 지원하게 될 전망이다.[47]

인류는 석기에서 쟁기로, 트랙터로, 컴퓨터로 옮겨가며 기술을 발전시켰고 이제 최첨단의 인공지능 시대를 열고자 한다.

구글의 래리 페이지에 따르면 인공지능이 궁극적인 목표다. 구글 등 선발기업들이 인공지능 개발에서 더 앞서고 있다.

스티븐 호킹 등 세계 석학들에 따르면 인공지능은 인류의 최대 성과인 한편 인류 문명을 끝내는 최후 성과가 될 수 있다.

인공지능이 인간을 능가해 정치, 경제, 군사 등 다방면을 장악할 전망이지만 그 위험성을 연구하는 곳은 극소수에 불과하다.

영화 〈트랜센던스〉에서 보면 초지능이 인류 총합을 능가하고 감성과 자의식까지 있는 슈퍼컴퓨터의 개발이 진행된다.

인간처럼 자의식이 있는, 강한 인공지능은 50년 후쯤 등장하고 자의식이 없는, 약한 인공지능은 10년 후쯤 등장한다.

강한 인공지능이 등장하면 언젠가는 인간의 존재에 대해 의문을 품게 될 것이고 마침내 인간을 멸종시킬지도 모른다.

제조업계의 급속한 재편

근로 로봇과 3D 프린터로 무장한 선진국 제조업계의 재기로 아시아 제조업계와 노동계의 타격이 불가피할 전망이다.

보스턴 컨설팅에 따르면 로봇 활용이 증가함에 따라 2020년까지 미국에서 최고 500만 개의 제조업 일자리가 창출된다.[48]

자동차의 등장으로 마차 산업의 일자리들이 파괴됐지만 자동차 분야의 새 일자리들이 나왔듯이 로봇 산업도 그럴 것이다.[49]

3D 프린터의 발달과 확산으로 DIY 생산량이 늘고 생산비는 준다. 세계의 제조업과 노동계가 급속히 재편될 전망이다.

재래식 공장은 대규모 시설의 연결로 이루어져 있지만 3D 프린터 방식은 소규모의 가내 자동공업 형태도 가능하게 한다.[50]

최첨단 3D 프린터에다 우수한 컴퓨터 설계능력만 더하면 소수의 전문인력으로도 얼마든지 제조공정을 가동할 수 있다.

3D 프린터로 자동차, 항공기, 주택, 기계, 의류, 식품을 찍어내는가 하면 심해와 우주에서 3D 프린터를 활용하고 있다.

NASA는 국제우주정거장에서 쏘는 우주선의 장비나 부품을 3D 프린터로 바로 제작해 활용하는 방안을 추진 중이다.[51]

GE는 3D 프린팅 기술의 혁명을 먼저 간파하고 항공, 자동차, 해양플랜트, 헬스케어 등에서 연구와 투자를 진행 중이다.[52]

GE는 항공기 엔진 노즐도 3D 프린터로 만들 계획이며 로컬 모터스는 자동차 부품을 3D 프린터로 찍어낼 방침이다.

3D 프린터로 롤스로이스는 제트엔진 부품을 만들 계획이며 에어버스는 2050년쯤 항공기 전체를 제작할 것으로 보인다.[53]

포드는 3D 프린팅 기술을 도입해 벌써 생산기간을 한 달 이상 줄일 수 있었다. BMW도 3D 프린터를 도입할 예정이다.

구글은 3D 시스템스와 손잡고 3D 프린터로 부품을 찍어내 대당 50달러 수준의 조립식 스마트폰 '아라'를 곧 출시한다.

창조의 이면은 파괴다

이 세상에 없는 것이 두 가지 있다. 난공불락과 절대강자다. 늘 새롭게 변하고 창조해야 한다. 변화와 창조만이 안전이다.

코세라(Coursera) 등 대규모 온라인 공개강좌(MOOC)의 확산으로 대학의 학점, 학위, 학비 시스템에 균열이 일고 있다.

세상은 급변하고 배워야 할 것은 늘고 시간은 모자란다. MOOC를 이용해 학습시간과 학위기간을 단축하는 수밖에 없다.

최고급 강좌들이 넘치는 MOOC의 확산으로 학위를 위한 공부가 아니라 필요에 의한 공부의 흐름이 강하게 나타나고 있다.

평생교육을 가속적으로 받아야 하는 사람들이나 고등교육의 기회를 얻지 못한 사람들이 MOOC를 더 애용할 것이다.

구글은 무선 인터넷 중계기를 살포해 오지까지 지배하려고 한다.

1년 만에 대학 4년 과정을 마치는 등 MOOC의 파괴적인 혁신으로 15년 안에 미국 대학교의 절반이 사라질 운명이다.

아무리 해도 안 되면 불가능에 도전해야 하는 때인 것이고 아무리 가도 막히면 창조해야 하는 때인 것이다. 창조하는가.

안주는 곧 자만이다. 2011년 모토로라는 구글에 넘어갔고 2013년 노키아의 휴대폰 사업부는 마이크로소프트에 넘어갔다.

영원한 1등은 없다. 스마트폰의 원조이자 성공한 비즈니스맨의 상징이던 블랙베리도 2013년 캐나다 보험회사에 매각됐다.

1900년대 이후 413개의 세계 100대 기업 중 80%가 30년 안에 추락했다. 미국에서는 GE, 포드, 월마트 정도가 살아남았다.[54]

대우나 쌍용 등 옛 그룹들뿐만 아니라 웅진이나 STX 등 신생 그룹도 해체됐다. 혁신이 멎는 자리에서 몰락이 시작된다.

애플의 아이폰이 등장하자 노키아가 휘청거렸다. 창조를 하는 쪽은 창조를 당하는 쪽을 죽인다. 창조의 이면은 파괴다.

스마트안경, 스마트홈, 스마트카, 스마트로봇을 비롯한 만물 인터넷 세상을 지배하려는 구글의 야망이 팽창 중이다.

구글은 무선 인터넷 중계기를 풍선으로 살포해 안방은 물론 도시의 물류망을 넘어 극한의 오지까지 지배하려고 한다.

공상도 현실이 된다

구글은 극한의 오지를 넘어 광물자원이 풍부한 소행성에까지 진출해 우주 자원을 채취해오는 프로젝트도 추진 중이다.

우주의 패권은 NASA와 손잡고 우주 개발에 뛰어든 구글이 차지할 전망이다. 구글 월드의 끝은 우주 지배일지도 모른다.

구글 월드의 영토는 서버, 국민은 검색자, 군대는 로봇이다. 인공지능과 인공위성까지 동원해 우주를 정복하려고 한다.

상상하지 못하면 남의 상상 속에서 살게 되고 창조하지 못하면 남의 창조를 소비하고 살아야 한다. 상상하고 창조하라.

옛 공상과학 소설들을 되돌아보면 많은 시간이 흐른 후 비슷하게 실현돼가는 것을 알 수 있다. 공상은 현실로 바뀐다.

공상이 현실로 바뀌는 데 이전에는 100년 단위가 필요했지만 지금은 10년 단위면 된다. 변혁의 주기가 급감하고 있다.

기술은 마술처럼 발전하고 있고 생각은 상상을 넘어 공상으로 치닫는다. 하지만 마술도, 공상도 다 현실이 되는 시대다.

2054년을 배경으로 한 영화 〈마이너리티 리포트〉에서 손목시계 형태의 전화기가 등장하는데 2014년 현재 실현된 상태다.

공상이 앞서고 과학이 뒤따르며 현실을 만든다.

미국은 영화 〈아이언맨〉을 본뜬 군복을 2018년 실전에 배치할 계획이다. 무거운 물체를 들 수 있고 방탄도 가능하다.

미국은 영화 〈스타워즈〉에 나왔던 레이저 포도 개발해 실전에 투입할 예정이다. 광선검은 MIT 등이 개발하는 중이다.

최고 수준의 석학이어도 변화를 오판하며 미래를 너무 미래처럼 멀리 본다. 하지만 세상은 단기간에 전격적으로 변한다.

노벨 경제학상 수상자였어도 폴 크루그먼은 인터넷이 경제에 미치는 영향이 팩스 기기보다 크지 않을 것이라며 오판했다.

상상이 현실로 바뀌는 정도가 아니라 공상이 현실로 바뀌는 시대다. 공상이 앞서고 과학이 뒤따르며 현실을 만든다.

위대한 헛소리도 해야 한다

쥘 베른의 소설, 《20세기의 파리》는 100년 넘게 묻혔다가 1994년 출간됐는데 인터넷 등의 출현을 정확히 예견했다.[55]

쥘 베른의 소설에는 잠수함, 비행기, 로봇, 로켓, TV 등이 등장한다. 20C의 과학은 그의 상상을 따라 발전한 셈이었다.

조지 웰스의 소설, 《해방된 세계》는 원자폭탄의 비밀이 1933년 풀린다고 썼고 레오 실라르드가 그것을 읽고 그대로 풀었다.[56]

반대론자들이 그것은 불가능하다며 비난할 때, 누군가는 그것을 해낸다. 과학의 발전이 가속화하면 공상마저 현실이 된다.

로버트 고다드의 우주 로켓에 대해 반대론자들이 맹비난했으나 히틀러는 군사용 로켓으로 응용해 런던을 초토화시켰다.[57]

미국의 테라푸기아가 인공지능 기술을 접목해 쉽게 조종이 되는 수직 이착륙 플라잉카 'TF-X'를 개발해 시판에 들어간다.

체코에서는 하늘을 나는 전기 자전거가 짧은 시험비행에 성공했다. 배터리 용량이 커지면 긴 여행도 가능할 전망이다.

압축공기로 동력을 얻는 공기 자동차, 착용자 주변의 빛을 굴절시키는 원리를 응용한 투명 망토도 개발됐다고 한다.

양자컴퓨터가 가까운 미래에 구현되기는 어렵다고 물리학자들이 입을 모았지만 D-웨이브는 이미 초보 수준을 만들어냈다.

LG 디스플레이는 휘어지는 OLED 패널에 이어 투명 OLED 패널도 개발했다. 둘둘 말리는 투명 기기들이 나오게 된다.

스마트폰은 주요 기능을 클라우드에 올려놓고 명함 두께의 휘는 디스플레이만으로 작동시키는 클라우드 셀로 바뀔 것이다.

종국에는 클라우드 셀도 필요하지 않을 것이다. 모든 것이 디스플레이로 쓰일 수 있기에 클라우드로 연결만 하면 된다.

현재의 의견에 비추어 들리시 않는 소리만 해서는 안 된다. 미래의 무한한 가능성에 비추어 위대한 헛소리도 해야 한다.

우주사업 각축전

2040년쯤 미국의 선두 민간기업들을 중심으로 우주 광산, 우주 공장, 우주 정거장, 우주 태양광발전소가 실현될 전망이다.

인터넷 사업 등으로 막대한 자금을 모았던 일론 머스크, 제프 베조스, 리처드 브랜슨 등이 우주사업 경쟁에 뛰어들었다.

스페이스X, 블루 오리진, 버진 갤럭틱, 비글로 에어로스페이스, 스트라토런치 등의 창업주들이 우주사업에서 각축 중이다.

스페이스X는 첫 상업위성을 발사하고 NASA 발사대의 임대권을 따내는 등 우주사업에서 블루 오리진 등을 앞서고 있다.

스페이스X는 2012년 5월 첫 우주 화물운송에 성공한 이후 2014년부터는 매월 우주 화물운송 일정을 소화 중이다.

스페이스X는 여러 국가와 기업들로부터 이미 40억 달러에 달하는 우주 발사체 사업을 수주해 2020년까지 추진한다.[58]

일론 머스크는 화성식민지 사업을 추진 중이고 제프 베조스와 리처드 브랜슨은 저궤도 우주여행 사업을 추진 중이다.

버진 갤럭틱은 매당 25만 달러에 달하는 우주여행 티켓 700매를 이미 팔았다. 우주여행 시대의 개막이 시작된 셈이다.

버진 갤럭틱은 뉴멕시코 주의 시에라 카운티에 세워진, 세계 최초의 민간 우주공항 '스페이스포트 아메리카'를 운영한다.

버진 갤럭틱의 우주선 '스페이스십2'는 최고 110킬로미터까지 올라가 무중력을 체험하게 하고는 3시간의 여행을 마친다.

보잉과 NASA가 만드는 캡슐 우주선 'CST-100'은 국제우주정거장을 오가며 7개월 머물 수 있고 10번 재생될 수 있다.

네덜란드의 마스 원은 지원자 20만 명에서 24명을 뽑아 2024년부터 6차례에 걸쳐 화성에 보내 아예 정착시킨다는 구상이다.

스페이스X는 지리상의 발견을 넘어 우주상의 발견에 나섰다. 화성을 인류의 새로운 문명 발상지로 삼겠다고 공언했다.

스페이스X의 일론 머스크 창업주는 2030년쯤 화성에 수만 명을 이주시켜 자급자족형 식민지를 건설한다는 계획이다.[59]

소행성을 사냥한다

러시아의 오비털 테크놀러지스는 미국의 비글로 에어로스페이스에 맞서 고도 350킬로미터에 우주호텔을 세울 예정이다.

비글로 에어로스페이스는 원통형의 공기주입식 우주 거주장치를 만들어 우주 연구실, 우주 숙박시설로 활용할 방침이다.

비글로 에어로스페이스는 달에 유인 우주선을 보내고 주택을 공급하며 공기주입식 거주장치를 보내는 계획을 진행 중이다.

민간 우주여행사들이 늘어나고 지구궤도, 달, 화성에 대한 우주 관광이 가시화되자 페이팔은 우주 결제도 추진하고 있다.

화성 등 외계의 정착지에서 우주 자원이 개발돼 지구로 유입되는 미래에는 수출입의 경계가 국경에서 지구로 바뀐다.

일본의 시미즈건설은 2035년 달의 적도에 태양광발전소를 세워 거기서 모은 태양광 에너지를 지구로 전송한다는 구상이다.

문 익스프레스는 태양광으로 자가 발전하는 소형 자원탐사 우주선을 수년 안에 개발해 달에 보내는 계획을 시행 중이다.

솔라렌은 2016년 태양광 전지판을 탑재한 인공위성을 적도 상공에 띄워 태양광 에너지를 생산할 계획을 진행하고 있다.

스티브 잡스는 우주에 흔적을 남기자고 독려했지만 지금은 지구를 방문하는, 수천 개의 소행성들을 골라 사냥하는 시대다.

NASA는 2019년쯤 탐사선 '옵션A'를 쏘아 원통형 포획망 안에 지름 10미터 정도의 소행성을 포획해 달 궤도로 이동시킨다.

NASA의 '옵션B'는 지름 500미터 이하를 대상으로 한다. 유럽 우주기구도 '로제타'를 발사해 소행성 탐사를 진행 중이다.

유럽 우주기구의 로제타는 10년 넘게 64억 킬로미터 이상을 비행한 끝에 로봇을 소행성에 안착시켜 지질 탐사에 나선다.

NASA는 물론 플래니터리 리소시스와 DSI도 특수장비로 지구 주변의 소행성을 포획해 자원을 채취하는 계획을 세웠다.

미국의 우주 벤처, DSI에 따르면 소행성 9,500여 개 중 1,700개는 달보다 도착하기 쉽고 백금계열 희귀금속도 풍부하다.[60]

NASA는 소행성을 포획해 자원을 채취하는 계획을 세웠다.

뉴프런티어는 화성이다

DSI는 2015년 소행성에 소형 위성을 보내 샘플을 캐고 이어 대형 위성을 보내 샘플을 지구로 가져와 분석할 계획이다.

지름 0.5킬로미터의 소행성을 지구나 달의 궤도로 끌어들여 자원을 채취할 경우 그 가치는 수십조 달러에 이를 것이다.

선진국들과 선두기업들이 달, 소행성, 화성 등 우주 개발에 박차를 가하고 있다. 국가와 기업의 미래는 우주 개발에 있다.

세계 우주산업이 이미 2013년 300조 원을 돌파해 250조 원의 휴대폰 시장을 앞질렀다. 향후 더욱 급성장할 전망이다.

서부 개척시대를 끝낸 후 미국은 1962년 달 개척시대를 열겠다고 공언했다. 21C 들어 미국의 뉴프런티어는 화성이다.

1969년 아폴로 11호의 달 착륙과 1998년 국제우주정거장 건설 착수에 뒤이은, 미국의 최종 목표는 화성 식민지 개발이다.

미국 국가연구위원회에 따르면 민간 참여와 국제 공조를 통해 미국은 100년 후 초보적인 화성 거주지를 만들 방침이다.

16C 이후 구대륙에서 신대륙으로의 본격적인 이주가 있었듯이 22C 이후 지구에서 화성으로 이주가 시작될 것이다.

미국은 무인 화성 탐사선을 보냈고 러시아는 화성 탐사계획에 집중하는 중이며 인도는 화성궤도 탐사선을 쏘아 올렸다.

NASA는 화성에 2004년 오퍼튜니티를, 2012년 큐리오시티를 보낸 데 이어 2018년 엑소마스를 보내 탐사를 계속한다.

NASA는 우주선 '오리온 캡슐' 개발을 통해 2035년 첫 인간을 화성에 착륙시킨다는 마스-원 프로젝트를 추진 중이다.

NASA는 2030년대 화성에 유인 탐사선을 보낼 계획인데 미리 휴먼 로봇을 보내 우주 비행사들의 앞길을 열 방침이다.

NASA는 우주 망원경이 지구를 닮은 외계 행성을 쉽게 찾도록 별빛을 가려주는 해바라기 모양의 우주선도 개발 중이다.

우주 문명의 준비

유럽 우주기구는 2018년 발사할 화성 탐사로봇을 통해 화성 토질을 실험하고 분석한 후 자료를 지구로 보낼 예정이다.

유럽 우주기구는 금성 탐사선 '비너스 익스프레스'를 통해 금성에 관한 데이터도 다양하게 축적하고 분석할 수 있었다.

중국의 힘이 팽창하고 있다. 유인 심해 잠수정을 파견하고 유인 우주선을 쏘는가 하면 우주 정거장도 만드는 중이다.

한국은 2020년 무인 달 탐사선을 보내고 2030년 우주 호텔, 우주 정거장, 우주 태양광발전소까지 세운다는 계획이다.

인류는 숲에서 초원으로, 농장으로, 도시로 옮기며 지구 문명을 만들었고 이제 지구를 떠나 우주 문명도 만들고자 한다.

인류의 최종 관심사는 우주다. 크게 성공한 미국 기업가들이 우주 개발을 위한 기초분야의 투자와 기부에 속속 나섰다.

빌 게이츠는 칠레에 대형 천체망원경을 세워 암흑 물질과 암흑 에너지를 연구하는 프로젝트에 3,000만 달러를 내놓았다.

조지 미첼은 허블우주망원경 해상도보다 10배 더 높은 대형 마젤란망원경을 제작하는 데 3,500만 달러를 투자했다.

고든 무어는 대형 광학망원경 제작에 2억 달러를 내놓는 등 천문학과 물리학 분야에 8억 5,000만 달러를 기부했다.

스티븐 호킹에 따르면 지구 탈출을 위해 인류는 50년 안에 달에 정착하고 2100년에는 화성에 정착할 가능성이 있다.

우주재해, 기상이변, 환경오염, 인구폭발로 언젠가는 지구를 탈출해야 한다. 화성은 늘 지구의 행성 식민지로 거론된다.

화성은 지구에서 5,600만 킬로미터 거리에 있다. 하루 길이는 24.5시간이고 사계절도 있다. 평균 기온은 영하 60도다.

화성의 지반 밑에는 얼음층 형태의 물이 있다. 지구의 프레온 가스를 풀어 온난하게 하면 인간이 생존할 수 있게 된다.

낭설은 정설이 된다

표준모형과 끈이론, 빅뱅과 팽창우주 등 물리학의 기본이 드러난 상황에서 과거의 불가능은 미래의 가능이 될 것이다.

볼츠만은 원자론을 믿는다는 이유로 극심한 비난을 받다가 자살했다. 하지만 지금은 원자를 사진으로 찍는 세상이다.[61]

파울리는 관측 불능의 뉴트리노 입자를 제시해 물리학계에 큰 죄를 지었다고 말했지만 지금은 뉴트리노 빔도 가능하다.[62]

과거의 낭설은 미래의 정설이 될 수도 있다. 완전히 불가능한 것으로 입증되기 전에는 모든 것이 언젠가는 실현된다.

입자가 있으면 반입자가 있다. 전자와 반전자가 있고 양성자와 반양성자가 있다. 질량은 서로 같으나 전하는 정반대다.

이전의 부자연스러운 비정상이 이제 자연스러운 정상이 되고 그 반대도 마찬가지다. 첨단기술의 발전이 그렇게 만든다.

새의 날개처럼 나는 비행기는 만들 수 없는 것으로 판명됐다. 하지만 풍뎅이 날개처럼 나는 화성 탐사선이 개발 중이다.

30년 전 마법이나 기적이었을 스마트폰 등은 지금 상식이다. 지금 마법이거나 기적일 경호로봇 등도 30년 후 상식이다.

이전에 되던 것들이 이제 안 되기 시작하고 이전에 안 되던 것들이 이제 되기 시작하는 격변기다. 반문하고 뒤집어라.

불가능해 보여도 일단 조금이나마 풀리기 시작하면 그 후에는 급격하게 풀린다. 이제 3D 프린터로 주택까지 찍어낸다.

소의 줄기세포를 실험실에서 배양해 인공 쇠고기를 만들고 콩과 작물로 인공 닭고기와 달걀을 만드는 기술이 실험 중이다.

상처가 난 자연 피부조직에 완전히 흡수되는 인공피부도 시판 중이다. 흉터가 거의 남지 않고 상처가 말끔히 복원된다.[63]

나일론으로 인간근육의 100배에 달하는 인공근육을 개발 중이다. 인공지능, 인공장기, 인공근육은 피할 수 없는 미래다.

바이오 프린팅과 나노 프린팅

3D 프린터로 인간의 배아줄기세포를 복사하는 실험이 성공했다. 프린팅과 바이오가 결합해 인체 조직도 찍어낼 미래다.

3D 프린터의 바이오 프린팅 기술로 10년 안에 인공심장을 찍어낼 것으로 보인다. 이미 심장의 관상동맥은 개발된 상태다.

웨이크 포레스트 그룹의 재생의학연구소가 3D 프린터로 만든 인공심장은 실험실 환경에서 작동되는 정도로 성공적이다.

2030년 이후 세포 덩어리, 특수 젤 등 바이오 잉크를 사용해 3D 프린터로 혈관, 콩팥 등 생체 조직도 찍어낼 것이다.[64]

생체 세포와 생체 적합성 고분자를 이용해 기능성 인공조직을 3D 프린터로 제작하게 하는 바이오 잉크가 개발 중이다.

미래에는 감자를 3D 프린터로 출력할 수 있을 것이다. 농사로 생산하지 않고 가정에서 찍어낼 수 있게 되는 것이다.

바이오 프린팅과 나노 프린팅이 만나면 생명체를 디지털화해 전송할 수 있게 된다. 의료 백신을 이메일로 보낼 수 있다.[65]

크레이그 벤터에 따르면 단백질과 바이러스를 디지털화해 빛의 속도로 전송하면 수신하는 쪽에서 다시 만들어낼 수 있다.[66]

DNA로 만든, 분자 크기의 암 퇴치항원을 싣고 가다가 암세포를 감지해 암세포만 골라 죽이는 나노로봇이 개발되고 있다.

미국의 15세 청소년이 저렴하고 혁명적인 췌장암 조기진단 키트를 발명했다. 흰머리가 검은 머리에게 더 배우는 시대다.

스웨덴의 하칸 란스는 17세에 해저 10킬로미터까지 가는 잠수함을 만들었다. 당시 스웨덴 해군의 잠수함은 5척뿐이었다.[67]

미국의 18세 여고생이 20초 만에 충전되는 스마트폰 배터리를 개발했다. 기존의 1,000번보다 10배 더 재충전할 수 있다.

이스라엘의 스토어닷은 바이오 반도체를 활용해 30초 만에 스마트폰을 충전하는 기술을 개발했다. 2016년 상용화된다.

폭스바겐은 디젤 엔진을 장착해 리터당 111킬로미터의 연비를 자랑하는 신형 모델을 선보였다. 가히 연비 혁명이다.

인류의 난제에 도전한다

도요타는 수소와 공기 중의 산소로 발전시키는 수소연료 전지차 생산에 박차를 가하고 있다. 연비는 90%까지 더 뛰어나다.

앞으로 탄소나노튜브를 활용해 비행기의 동체에 태양광 전지를 부착하는 태양광 동력 비행기도 등장하게 될 전망이다.

생각보다는 생각을 만드는 생각, 아이디어보다는 아이디어를 만드는 아이디어, 창조보다는 창조를 만드는 창조여야 한다.

1957년 소련이 무인 우주선을 쏘자 1962년 미국의 케네디 대통령은 유인 우주선을 쏘겠다고 했고 1969년 실현시켰다.

1939년 휴렛패커드 설립으로 기업가 정신이 시작됐다면 1969년 달 왕복선 발사로 Moonshot Thinking이 시작됐다.

인류가 당면한 최대 난제들을 해결하려면 달에 탐사선을 발사하는 것과 같은, 대담한 Moonshot Thinking이 필요하다.

Moonshot Thinking은 10%가 아니라 10배를 겨냥한다. 거대한 문제, 과격한 해결책, 구현하는 기술이 그 핵심 요소다.

제2의 스티브 잡스로 불리는 일론 머스크는 최고의 돈벌이 방법보다는 인류의 미래가 걸린 난제들에 더 관심을 두었다.

원조 발명가였던 토머스 에디슨도, 제2의 에디슨이라는 일론 머스크도 돈벌이보다 더 새로운 세상의 구현을 위해 애썼다.

일론 머스크는 생물이 바다에서 육지로 나와 인류 문명을 만들었듯이 이제 지구 밖의 우주 문명도 만들 수 있다고 본다.

일론 머스크는 교통수단과 에너지의 문제, 우주적인 문명의 문제를 위해 전기차, 태양광 에너지, 로켓의 생산에 나섰다.

구글 X팀은 인류의 거대한 문제 X를 발굴하고 달 탐사선 발사를 뜻하는 Moonshot과도 같은, 획기적인 방안을 제시한다.

구글 X팀은 평범한 과제에는 관심이 없다. 처음부터 상상을 초월한 야심작에 도전한다. 우주 개발은 그중 하나다.

구글 X팀은 교통사고 문제를 풀려고 무인 자동차 개발을, 인터넷이 안 되는 오지를 위해 Loon 프로젝트를 진행 중이다.

살길은 창조뿐이다

구글 X팀이 추진 중인 개발 프로젝트에는 우주 엘리베이터, 하늘을 나는 풍력발전기, 먹는 질병진단 센서도 들어 있다.

구글 X팀은 하늘을 나는 글라이더형 풍력발전기를 만드는 마카니 파워를 인수해 에너지 개발에도 박차를 가하는 중이다.

구글 X팀은 유전자 등 인체의 방대한 정보를 해독해 지도를 만드는 프로젝트도 추진 중이다. 인류의 질병예방이 목적이다.

구글은 사물 인터넷을 능가하는 생체 인터넷으로 방대한 생체 데이터를 분석해 질병을 예방하는 길을 찾아낼 계획이다.[68]

구글의 행보에는 수익 우선이나 라인 확장의 오류와 같은 경영원칙이 통하지 않는 것 같다. 인류적인 팽창이 있을 뿐이다.

구글의 팽창 노선에 대해 프랑스 등 세계 각국은 구글에 의한 식민지화를 우려하며 징세와 소송 등을 강화하는 양상이다.

이스라엘은 머잖아 세계 최대의 산유국이 된다. 더 이상 우리와 같지 않다. 우리의 살길은 다 창조자로 만드는 교육뿐이다.

학교에서는 정답이 있고 정답을 배우고 외우고 쓰면 된다. 사회에서는 정답이 없고 창의적이고 도발적인 답을 내야 한다.

다양한 분야의 지식을 활용하는 융합형, 바뀌는 대상과 상황에 따라 다르게 대응하는 전략형이어야 창조할 수 있다.

시간을 물처럼 펑펑 쓰는 자유가 있어야 창의와 창조도 나온다. 하지만 대다수 사람들은 시간의 자유를 팔아 돈을 산다.

단체 MT, 단체 수학여행, 단체 수련회 등 단체동원은 산업화 시대의 군대식 강요다. 개별적인 자율이 창의를 낳는다.

행복하면 자유롭고 자유로우면 차이를 내고 차이를 내면 창조가 된다. 행복은 최종 목적이 아니라 창조를 위한 조건이다.

4족 보행에서 2족 보행으로의 전환은 인류의 첫 번째 창조였다. 두 손의 자유로 도구와 무기를 만들어 쓸 수 있게 됐다.

극대의 우주에서도, 극소의 원자에서도 빈 공간이 차지하는 비중은 비교할 수 없이 크다. 삶에서 여백도 그래야 한다.

다르게 질문하는 창조자

기존의 틀을 부인하는 질문의 도발이 진정한 창조의 시작이다. "왜 꼭 그래야만 하는가. 이렇게 하면 안 된다는 말인가."

폴 디락은 아인슈타인의 에너지-질량 방정식에 의문을 품고 음의 부호를 추가함으로써 '음의 에너지' 개념을 제시했다.[69]

윗사람한테 답이 있다고 생각하는 사람은 스스로 질문하면서 답을 찾지 않고 윗사람한테서 답을 얻으려고만 할 것이다.

유태인들은 대답을 평가하지 않고 질문을 평가한다. 대답을 잘하면 모범생이 되겠지만 질문을 잘하면 창조자가 된다.

주어진 답에 현실을 맞추는 사람은 모범생이고 그 답을 의심해 도발적이고 전복적인 질문을 던지는 사람은 창조자다.

주어진 정답에 맞추어 사는 사람은 어려움이 생겨도 으레 견디지만 의문을 던지고 문제를 제기하는 사람은 혁신한다.

"할 수 있을까?"라는 질문을 버리고 "어떻게 할까?"라는 질문으로 바꾼다. 그러면 기존의 답을 넘어 새로운 답이 보인다.

의문을 던지고 문제를 제기하는 사람만이 혁신한다.

정답을 외우고 기억하는 모범생 인재에서 현재와 미래의 문제를 발굴하고 답을 찾아가는 창조형 인재로 바뀌어야 한다.

스탠퍼드대학교의 디자인 스쿨에서는 대학원생들이 스스로 문제를 내고 풀어야 한다. 교수는 문제가 무엇인지 묻는다.[70]

넷플릭스는 탁월한 성과의 A급 직원만 남긴다. 현재에 의문을 제기하지 않고 지시받은 대로만 일하는 직원은 해고된다.

격변하는 시대다. 어제의 답이 오늘에는 무의미하다. 답이 덜 중요해지고 질문이 더 중요해진다. 자주, 다르게 질문하라.

격변의 미래에는 정해진 답이 없다. 정답을 가르치는 교육에서 질문하고 토론하고 깨우치는 교육으로 전환해야 한다.

창조경제가 되려면 창조교육이 선행돼야 한다. 대화, 질문, 토론의 창조교육을 통해 창의, 창조, 혁신을 낳아야 한다.

종교혁명의 루터나 지동설의 갈릴레이는 기존의 답과 질서에 의문을 던지며 전혀 다른 기준을 제시한 창조자들이었다.

카오스에서 창조가 나온다

뉴턴은 물체가 떨어진다는 것에 대해, 아인슈타인은 사람이 빛의 속도로 달린다는 것에 대해 오래 질문하며 매달렸다.

갑자기 떠오르는 생각을 적어두느냐는 물음에 아인슈타인은 "갑자기 생각이 떠오르는 경우는 거의 없다"고 대답했다.

정돈과 질서가 전통과 규칙을 보존시키지만 창조를 가로막기도 한다. 종종 혼돈과 무질서가 창조를 촉진하기도 한다.

창조는 완료되고 나서야 알 수 있을 뿐이다. 창조가 있기 전에는 늘 혼돈이 있다. 혼돈을 잉태해야 창조가 시작된다.

정설에 얽매이면 새로운 이론이 나올 수 없고 비결에 얽매이면 새로운 성공이 나올 수 없다. 창조는 카오스에서 나온다.

어떠한 구분, 경계, 한계, 정설, 난공불락도 인정하지 않고 흔든다. 흔들리고 뒤엉키는 카오스에서 새로운 것이 창출된다.

세상은 직선형이 아니라 나선형이다. 교과서대로 되지 않는다. 원색지대가 아니라 회색지대의 카오스에서 창조가 나온다.

원자를 운동장이라고 하면 원자핵은 구슬만 하고, 전자는 원자핵의 10만분의 1이다. 창조의 최소 단위는 공허한 진공인 셈이다.

창조는 예측 가능한 길에 있기보다는 예측 불허의 길에 있다. 불분명하고 모호한 길을 기꺼이 걸을 수 있어야 한다.

에드윈 랜드에 따르면 모든 중요한 혁신은 놀라워야 하고 예상 밖이어야 하며 세상이 준비되지 않은 상태에서 나와야 한다.

내일의 답을 오늘 가질 수 없다. 내일의 답은 내일의 시공간 속에 숨어 있다. 가다 보면 발굴하게 되는 것이 답이다.

창조는 새로운 무엇을 만드는 것이라기보다는 다른 각도나 다양한 각도에서 다르게 보는 것이다. 각도를 달리하는가.

다름을 인정하고 추구하는 데서 창조가 발생한다. 다름을 틀림이라고 억누른다면 창조는커녕 창고가 되고 말 것이다.

관점을 바꾸면 약점은 강점이 된다. 할리데이비슨은 모터사이클의 소음을 거친 남성의 상징으로 전환해 크게 성공했다.

2014년 극장가를 강타했던, 디즈니의 〈겨울왕국〉에서는 이전의 플롯과 달리 왕자가 답이 아니었고 가족애가 답이었다.

여러 관점에서 본다

노르웨이의 스토케는 엄마와 아기가 비슷한 눈높이로 서로 마주 보는 유모차를 디자인해 엄마들의 폭발적인 환심을 샀다.

1980년대 초 김종월은 통이 넓은 큐롯팬츠를 내놓았다. 주머니도 가로 대신에 세로로 달아 여성미와 활동성을 높였다.

손발로 열지 않고 다가가기만 해도 열리게 하겠다는 생각으로 뚜껑에 센서를 달아 닿지 않고도 쓰레기통이 열리게 했다.

1분 후 사라지는, 하얀 스프레이가 2014년 브라질 월드컵에 등장해 프리킥 상황에서의 위치 선정을 한층 정확히 했다.

창의적인 사람은 논리적, 분석적이면서 시적, 종합적이다. 사실적이면서 몽상적이고 하나의 문제를 여러 관점에서 본다.

자전거 바퀴를 유모차에 붙이자 아빠들이 조깅도 하면서 유모차를 몰 수 있게 됐다. 그렇게 해서 조깅 유모차가 출시됐다.

테이블 포 투는 선진국 사람들의 식단 열량을 줄인 만큼 후진국 사람들에게 돈으로 제공해 비만과 기아를 동시에 풀었다.

창조는 무에서 유를 만들어내는 것이 아니다. 이미 있는 것들을 색다르게 보고 낯설게 비틀고 엉뚱하게 바꾸는 것이다.

화천에는 산과 물뿐이다. 산천어도 없었다. 하지만 해마다 1월이면 산천어축제로 100만 명이 넘는 관광객을 끌어들인다.

일본의 이나카다테 마을은 여섯 색깔의 벼 품종을 심는데 6개월 후면 거대한 논 그림이 나오면서 관광특수까지 부른다.

경쟁이 치열한 영역에서 이미 남들이 다 하고 있는 것들을 재해석하고 재발견함으로써 남들이 못하는 것들을 할 수 있다.

풍성한 거품을 자랑하는 면도용 폼이나 젤을 경쟁업체가 팔 때, 킹오브셰이브는 거품이 전혀 없는 면도용 오일을 내놓았다.[71]

국화를 분재 나무처럼 길렀더니 고풍스러운 자태가 나온다. 같은 대상이라도 다른 각도로 재해석하면 창조가 일어난다.

기술자가 자리를 이동하는 작업개념에서 부품이 자리를 이동하는 작업개념으로 바꾸자 자동차 컨베이어 시스템이 나왔다.

고객은 왕이 아니다. 집카의 고객은 렌터카를 직접 청소해야 하고 이케아의 고객은 가구 부품을 배송하고 조립해야 한다.

활용이 더 중요하다

'깎아서 만든다'는 고정관념을 버리고 '쌓아서 만든다'는 새 개념을 갖자 3D 프린터가 탄생했다. 새 개념이 창조를 낳는다.

온라인 음악 시장의 개념이 다운로드에서 스트리밍으로 바뀌듯이 전자책 시장의 개념이 구매에서 구독으로 바뀔 전망이다.

시계의 개념도 달라지고 있다. 롤렉스와 오메가 등의 재래식 싸움이 아니라 스마트워치들의 대전이 벌어지는 중이다.

제품, 서비스, 시간, 공간을 함께 쓰는 공유경제가 확산 중이다. 공유경제는 소유 중심에서 공유 중심으로 초점을 옮겼다.

환경 문제의 대두로 곤충산업이 축산업의 개념을 바꿀 것으로 보인다. 곤충은 육류보다 생산비가 낮고 영양가가 높다.

스트라토런치는 항공기에 탑재된 로켓을 성층권에서 공중 발사하는 프로젝트를 통해 비용을 획기적으로 줄이는 중이다.

DARPA는 2단 로켓과 인공위성을 탑재해 우주에서 발사한 후 귀환함으로써 재활용될 수 있는 우주셔틀을 추진 중이다.

스페이스X는 치솟았다가 다시 제자리로 되돌아오는 메뚜기형 우주발사체를 만들어 재활용함으로써 비용을 격감시켰다.

첨단이 따로 없다. 구식이어도 잘 활용해 가치를 높이면 최신식이고 최신식이어도 제대로 활용하지 못하면 구닥다리다.

조선왕조실록에 따르면 태종 때 이미 거북선이 있었다. 이순신은 이전의 정보를 재가공해 거북선을 만들었을 것이다.

유력한 기업들이 보유한 특허의 5%만 활용된다는 연구가 있다. 95%의 특허가 아무 가치도 만들어내지 못하고 버려진다.[72]

삼성 등 대기업들의 문제는 기술 과잉개발과 기술 과소활용이다. 최첨단 기술개발만큼이나 중요한 것이 기술활용이다.

경제성장을 위해 돈을 많이 푸는 것만큼 돈을 빠르게 회전시키는 것도 필요하다. 기술개발만큼 기술활용도 중요하다.

기발한 아이디어보다 생산적인 활용이 더 중요하다. 활용이 없으면 성과도 없다. 인재는 잘 활용해서 성과를 올린다.

없는 것을 가지려고 발버둥치지 않고 있는 것을 최대한 활용한다. 소유의 확대가 아니라 창의적인 활용이어야 한다.

리더는 늘 혁신적이다

많이 투입해야 많이 나온다. 하지만 가공 능력이 시원치 않으면 소용이 없다. 가공하고 활용하는 역량을 키워야 한다.

김치는 일본이, 인삼은 중국이, 콩은 미국이 한국산을 더 자국산처럼 활용했다. 축적도 중요하지만 활용은 더 중요하다.

회의보다 아이디어, 아이디어보다 제품, 제품보다 시장, 시장보다 생태계가 더 중요하다. 아이디어를 비즈니스로 만드는가.

언어의 세계가 창조되면 현실의 세계도 창조된다. 언어는 글, 소리, 그림, 영상이다. 새로운 언어의 창조가 미래의 창조다.

창조적인 인식의 확장에는 언어의 징검다리들이 필수적이다. 징검다리들이 잘 배치돼 있으면 다음으로의 발전이 쉽다.

두뇌의 회로가 단조로운데도 뒤엉켜 있는 사람이 있는가 하면 두뇌의 회로가 복잡다기하면서도 창조적인 사람이 있다.

창조자가 되기 전에 먼저 창작자부터 돼야 한다. 생각과 언어를 자유자재로 창출, 압축, 팽창시키는 마술사여야 한다.

로렐라이의 전설처럼 뻔한 허구가 수많은 관광객을 창출한다. 사람은 이야기를 먹고 산다. 어떤 이야기를 만들어 파는가.

혁신적이라고 해서 리더인 것은 아니다. 그러나 리더는 언제나 혁신적이다. 혁신적이지 않고 리더인 경우는 세습뿐이다.

혁신은 가죽을 새롭게 한다는 뜻이다. 먼저 겉모양의 색상을 바꾸는 소소함에서부터 혁신은 시작된다. 날마다 혁신한다.

헤르만 지몬에 따르면 지속적인 혁신의 필요성을 상기하는 것이 매일의 첫 번째 혁신이다. 혁신하되 늘 혁신해야 한다.

이브 생 로랑이 최초로 여성용 정장바지를 내놓자 여성들이 비로소 파워를 갖기 시작했다. 혁신 하나가 세상을 바꾼다.

피에르 가르뎅이 혁신적인 디자인을 선보일 때마다 사람들의 비방은 거셌다. 그러나 그들도 결국에는 그의 옷을 입었다.

혁신 하나가 세상을 바꾼다.

혁신에는 창조의 힘뿐만 아니라 파괴의 힘도 있다. 그래서 혁신가가 등장하면 강하게 거부하든지, 죽이든지 하려고 한다.

미래의 강력한 혁신가가 출현하면 혁신을 거부하는 쪽은 파괴될 것이고 혁신을 수용하고 환영하는 쪽은 창조할 것이다.

힘보다는 눈이 된다

쇼펜하우어에 따르면 모든 진리는 처음에 조롱을 받고 다음에 저항에 부딪히고 마침내 자명한 것으로 받아들여진다.

효율적인 관리자가 아니라 비전을 제시하는 혁신가가 된다. 현재의 문제만 분석하지 않고 미래의 기회를 보여준다.

이미 해결된 사례들에 대한 연구보다는 아직 해결되지 않은 과제들을 해결하는 방향으로 교육과정이 혁신돼야 한다.

과거의 것들에 대한 분석보다는 미래의 것들에 대한 상상이 창조를 낳는다. 과거의 분석이 아니라 미래의 상상이다.

격변의 시대일수록 미래 예측이 더 절실해진다. 미래의 기술, 직업, 교육, 사회에 대한 지식과 정보의 전파가 최우선이다.

기술 진보의 충격으로 지반 붕괴가 잇따를 전망이지만 다들 모르고 있다. 미래의 위협을 알리는 선지자들이 더 필요하다.

점이나 신탁이 아니라 빅데이터 분석이나 과학적인 관찰로 미래를 이야기하는 선지자 그룹이 대거 등장할 것으로 보인다.

그리스 신화의 아르고스처럼 눈을 100개 갖고 미래의 모든 영역을 감시해야 한다. 마술피리 소리에도 눈을 떠야 한다.

아르고스처럼 눈을 100개 갖고 미래의 모든 영역을 감시해야 한다.

지금 힘이 되어주는 사람도 필요하겠지만 미래로 향하는 눈이 되어주는 사람은 더욱 필요하다. 힘보다는 눈이 되어라.

미래의 격변과 혼돈을 예측하고 대응하는 것보다 더 긴요한 리더십은 없다. 조직원 전체가 몰살될 수도 있기 때문이다.

모든 News는 다 Olds다. 이미 일어난 사실에 근거를 두기 때문이다. 진정한 의미의 News가 되려면 미래적이어야 한다.

어떤 신간도 나오는 즉시 구간이다. 개발 중인 것이나 과정 중인 것이 아니라 이미 끝난 것이 책의 내용이기 때문이다.

일상적인 업무 시간의 반복은 천재를 둔재로 추락시키고 창조적인 연구개발 시간의 축적은 둔재를 천재로 성장시킨다.

연구개발이 없이는 창조도 없다. 특정 연구진은 물론 모든 직원의 연구개발이 쌓이면 작은 창조가 위대한 창조로 바뀐다.

힘든 시기에 다른 것은 다 줄여도 줄이지 말아야 할 것이 있다. 연구개발 투자다. 연구개발 시간이 없으면 미래도 없다.

레이더처럼 포착한다

성공한 사람은 세상이 가만히 두지 않는다. 여기저기서 불러 마구 부린다. 조용한 연구개발 시간이 없다. 그래서 망한다.

짐승은 먹기 위해 움직이는 데 거의 모든 시간을 쓴다. 사람은 멈추어 생각한다. 연구개발 시간이 없다면 짐승과도 같다.

연구개발 시간이 없다면 짐승과도 같다.

공간은 빼앗겨도 시간은 빼앗기면 안 된다. 과거를 성찰하고 현재를 분석하며 미래를 통찰하는 시간을 더 가져야 한다.

액셀러레이터가 없으면 일이 추진되지 않고 브레이크가 없으면 일이 통제되지 않고 내비게이션이 없으면 일이 방황한다.

추진력, 절제력, 통찰력이 있어야 성공한다. 노력형 경제에서 창조형 경제로 넘어가는 때는 통찰력이 더욱 중요하다.

통찰력을 가진 사람은 드물다. 관찰력을 기르다 보면 통찰력을 가질 수도 있다. 책을 읽어도 관찰하듯이 읽어야 한다.

관심과 관찰에서 창조가 나온다. 고령층의 편의를 위해 일본에서는 투명 냉장고가, 독일에서는 투명 자동차가 나왔다.

고참 의사는 환자의 상황을 앞세우며 묻고 듣고 관찰하고 처방한다. 신참 의사는 자신의 이론을 앞세우며 처방한다.

지형의 흐름을 관찰하면 전략가가 되고 시장의 흐름을 관찰하면 마케터가 되고 마음의 흐름을 관찰하면 리더가 된다.

변화의 흐름을 감지하지 않고서는 생존할 수도, 번성할 수도 없다. 나의 촉수는 달팽이 더듬이인가, 전투기 레이더인가.

달팽이 더듬이처럼 우왕좌왕 더듬거리며 사는 사람도 있고 전투기 레이더처럼 정확하게 포착하며 사는 사람도 있다.

많은 사람의 마음이 모여 웅성대지만 아직 갈 방향의 답을 찾지 못해 서성거리는 그 지점에 큰 창조의 실마리가 있다.

웅크린 새가 멀리 난다. 그러나 목적지를 분명히 알고 주변의 변화를 읽으며 에너지를 축적하는 웅크림이어야 한다.

보아도 보지 못하고 들어도 듣지 못한다. 자세히 보아야 보이고 유심히 들어야 들린다. 견문을 키우고 식견을 쌓아야 한다.

개방성과 탐구정신

그냥 보지 않고 정밀하게 보아야 보이고 흘려듣지 않고 정교하게 들어야 들린다. 관찰과 경청이 발견을 가능하게 한다.

모든 사람을 위해 모든 것이 되려고 하면 어떤 사람을 위해 어떤 것도 되지 못한다. 좁히고 좁혀서 차별화해야 한다.

작은 차이가 큰 창조다. 대전의 성심당은 남다르게 소보로빵을 튀겨 만들어 1일 1만 개를 파는 제빵업계 강자가 됐다.

대학교의 미용예술과를 뷰티아트과로, 토목과를 건설시스템과로 이름만 바꾸었는데 지원자들이 몰렸고 인기학과가 됐다.

창의성은 싹과도 같다. 받아주고 지켜주지 않으면 말라죽는다. 스스로든지, 누구든지 보호하는 환경을 조성해야 한다.

바다로 방류된 연어 새끼의 생존율은 0.1%다. 창의적인 생각도 그렇다. 강한 보호와 실행이 없이는 살아남을 수 없다.

1개의 창의적인 아이디어에 집중하면서 9개의 부정적인 생각을 차례로 극복하자 드디어 벽걸이 세탁기가 나왔다고 한다.

핀란드의 로비오는 앵그리버드를 세계적으로 성공시키기까지 51개의 모바일 게임을 내놓았는데 그 대부분이 실패했다.

누구나 창의적인 사람일 수 있다. 단지 자신은 해당되지 않는다고 여기며 노력하지 않기에 평범한 사람에 머물 뿐이다.

열면 모기도, 파리도 들어오겠지만 열지 않으면 햇빛도, 바람도 들어올 수 없다. 개방성과 다양성이 큰 창조를 낳는다.

환경과 노력만으로는 천재가 될 수 없다. 새로운 것들에 대한 지적인 개방성과 탐구정신이 창조적인 업적을 만든다.

초년도 놀지만 않고 탐구하는 때이고, 중년도 일만 하지 않고 탐구하는 때이고, 노년도 후회만 하지 않고 탐구하는 때이다.

미래는 돌발적인 사건처럼 우리에게 다가오는 것이라기보다는 개척하고 창조함으로써 우리가 직접 만들어가는 것이다.

연결과 **융합**

창조보다 창조를 낳는 공정이 더 요구된다. 연결과 융합은 창조의 핵심 공정이다. 이질적인 것들을 나란히 연결하고 서로 융합하면 고차원의 새로운 가치가 창출된다. 다양한 영역에서 연결과 융합이 강하게 나타나고 있다. 일시적인 유행이 아니라 장기적인 대세다. 자연과학과 공학, 사회과학과 인문학, 기술과 예술의 경계를 무너뜨리고 넘나드는 인재가 미래문제를 해결할 수 있다.

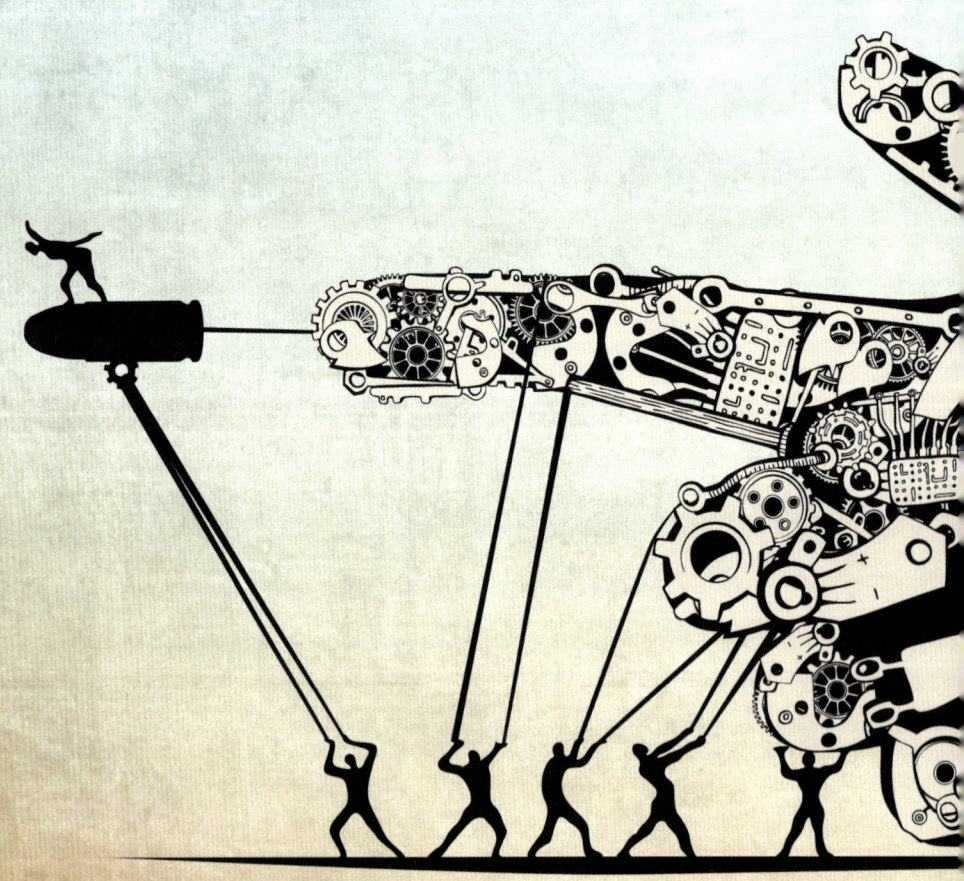

chapter

창조를 만드는 창조 공정

생각보다 생각을 만드는 생각 공정, 창조보다 창조를 만드는 창조 공정이 더 필요하다. 하루가 다르게 변하기 때문이다.

벤처일수록 가격, 영업, 납기가 아니라 창의, 창조, 혁신에서 앞지르며 경쟁기업이 따라올 수 없는 격차를 내야 한다.

변동이 심할수록 은행보다 머릿속에 더 축적해야 한다. 어떤 변동도 머릿속의 창조적인 지식과 노하우는 빼앗지 못한다.

구상적인 것과 추상적인 것을 연결함으로써 추상적인 것을 두드러지게 드러내는 비유와 유추는 창작의 탁월한 기법이다.

성경에서 예수는 고차원의 것을 저차원의 것과 연결시키는 비유로써 천상의 비밀을 지상의 일상으로 끌어내리곤 했다.

로버트 프로스트에 따르면 시를 가르친다는 것은 은유를 가르치는 것이다. 다른 둘을 병치하는 은유는 창작의 근간이다.[73]

시인은 세상의 현실과 인생의 이치를 한 편의 시에 연결, 융합, 압축해서 전한다. 창조의 종결은 시인이 되는 것이다.

잘 알려진 것으로 전혀 알려지지 않은 것을 빗대어 설명하고 드러내는 유추는 창조적인 사고와 과학적인 발견의 기초다.

이미 드러난 저차원의 것으로 아직 드러나지 않은 고차원의 것을 짐작하게 하는 유추가 없이는 세상을 이해할 수 없다.

보이는 것과 보이지 않는 것, 현실적인 것과 비현실적인 것, 낮은 수준의 것과 높은 수준의 것을 연결하고 융합한다.

서로 이질적인 것들을 나란히 놓고 엮으면 고차원의 새로운 가치가 창출된다. 연결과 융합이 창작과 창조를 낳는다.

모든 생명체의 기초가 되는 탄소 원자는 최외각의 가전자를 4개나 갖고 있어 다른 원자의 전자와 결합하는 능력이 최고다.

탄소 결정체로는 숯, 흑연, 다이아몬드가 있다. 인공산으로는 다이아몬드보다 강한 탄소나노튜브, 그래핀, 카르빈이 있다.

망의 연결이 먼저다

뇌의 신경세포인 뉴런이 1,000억 개라면 뉴런 사이를 연결하는 시냅스는 1,000조 개다. 정보의 연결이 그만큼 중요하다.

도로 교통망, 정보 통신망, 두뇌 신경망이 어떤가에 따라 국토, 정보, 정신의 활용이 결정된다. 망의 연결이 최우선이다.

2017년 인구 35억 명이 인터넷에 접속되고 2020년 디바이스 500억 개가 인터넷에 연결될 전망이다. 초연결 사회다.

센서와 칩, 인터넷과 클라우드 플랫폼이 만물과 연결돼 소통하며 실시간으로 정보를 주고받는 초연결 사회가 열린다.

자동차는 전자제품화하고 있고 전자제품은 대화기능을 확대하는 중이다. 사람과 사물 사이의 연결이 확산되는 추세다.

클라우드 플랫폼이 만물과 연결돼 소통하는 초연결 사회가 열린다.

포드의 신형 모델은 사고가 발생하면 스스로 알아서 가장 가까운 고객센터와 병원에 즉시 알리고 보험회사에도 알린다.

벤츠, BMW 등 독일 자동차업체들은 구글에 못지않게 소프트웨어 투자를 확대 중이다. 자동차의 절반은 이미 소프트웨어다.

현대차의 경쟁자는 구글과 애플이 될 것이다. 엔진보다 센서와 통신 기술이 더 중요한 무인차 시대가 전개되기 때문이다.[74]

구글이 무인 자동차산업에 대단한 힘을 쏟고 있다. 자동차야말로 디지털 기기의 완결판으로 진화할 것이기 때문이다.

구글은 2014년 2인승 무인 전기차 시제품을 내놓았다. 운전대도 없고 페달도 없다. 몇 년 후 양산될 것으로 보인다.

무인 자동차 기술이 빠르게 발전하면서 무인 자동차가 2030년 세계 자동차시장의 40%, 2035년 75%를 차지할 전망이다.[75]

미국과 유럽은 무인차의 일반도로 주행과 관련한 법규 개정에 나섰다. 2050년쯤 무인차가 대세를 이룰 것으로 예상된다.

IT로 자동차를 제어하는 커넥티드카는 물론 TV, 냉장고, 보일러 등 가전제품을 제어하는 커넥티드홈도 구현 중이다.

생활 주변의 사물이나 기기가 센서와 무선통신망으로 연결돼 실시간으로 데이터를 전달하는 사물 인터넷이 확산 중이다.

모든 사물에 지능이 있다

팔찌가 운동량을, 포크가 식습관을, 약병이 투약시간을, 기저귀가 아기의 상태를 알려주는 사물 인터넷 시대가 열렸다.

핏비트 원, 핏비트 집 등 핏비트의 웨어러블 기기들은 운동량과 수면 상태를 체크해준다. 미국에서 큰 인기를 얻고 있다.

벨라비트는 임신부가 태아의 심장 박동을 볼 수 있게 하고 라이프패치는 부모가 자녀의 체온을 체크할 수 있게 한다.

심장박동의 급격한 변화를 센서로 감지해 경보음을 울리고 메시지를 전송하는 브래지어 태그 '라이프팁'이 개발 중이다.

스포츠 브래지어 모습의 BSE BRA는 내부의 센서를 통해 암세포의 미세한 온도 차이를 감지해 조기에 유방암을 발견해낸다.

스마트 반지 '링리'는 스마트폰과 연동돼 전화, 이메일 등의 도착을 알린다. 또 '펑거 리더'는 책을 읽고 번역도 한다.

삼성전자의 기어핏은 스마트폰 등 16종의 모바일 기기와 연동돼 이메일과 일정, 심장박동 수와 보행 횟수를 체크한다.

전동 칫솔이 스마트폰과 연동돼 사용자의 양치 습관을 데이터화하고 그 결과를 사용자와 치과 의사가 공유하게도 한다.

센서가 부착된 컵은 늘 최적의 온도를 유지할 수 있고 분실된 자동차 열쇠도 문자만 보내면 그 위치를 찾아낼 수 있다.

펫피트의 애견 목걸이는 애견의 상태를 스마트폰으로 알려주고 오픈앤와이즈의 오즈패밀리는 자동차의 상태를 알려준다.

스마트 목걸이를 통해 잃어버린 애견의 위치를 추적할 수 있고 CCTV를 인터넷에 연결해 스마트폰으로 조종할 수 있다.

스마트폰으로 실내 조명과 온도를 관리하고 자동차 사고를 파악하는 등 만물의 정보가 다 인터넷으로 연결돼 작동된다.

모바일 기기로 집 안팎에서 조명을 다루는 스마트 전구가 나왔다. 1개의 모바일 기기에 전구 수십 개가 연결될 수 있다.

에어컨 카메라로 집 안의 변화를 찍어 사용자의 스마트폰으로 보내는가 하면 로봇 청소기로 집 안을 두루 살펴볼 수 있다.

차의 블랙박스 안에 있는 센서가 차의 변동사항을 스마트폰으로 전송하면 먼 거리에서도 차주가 조치를 취할 수 있다.

만물이 다 조언한다

소비자가 집에서 아마존의 쇼핑 막대기 'Dash'로 해당 품목을 말하거나 스캔하면 아마존의 계정에서 자동으로 주문된다.

명동의 의류매장에서는 터치스크린 거울로 입은 옷의 뒤태를 볼 수 있고 사진을 전송해 사람들의 평가를 받을 수 있다.

스마트폰으로 친구의 구두를 찍으면 그 브랜드를 찾아 직접 주문하고, 냉장고가 직접 동난 품목을 주문하는 미래가 온다.

영화 〈마이너리티 리포트〉에서 보면 광고판이 사람에게 말을 건다. 사물 인터넷의 발달로 인공지능 광고판도 가능하다.

센서, 칩, OS로 가정용 기기, 자동차, 무인기, 로봇이 연결되고 소통되는 만물 인터넷 시대다. 연결이 가치를 높인다.

고지의 도어록과 위딩스의 체중계는 센서와 스마트폰으로 데이터 관리를 자유롭게 할 수 있어 가격이 여러 배 비싸다.[76]

사물 인터넷은 웨어러블 기기, 스마트카, 스마트홈, 헬스케어 등 모든 ICT 영역을 망라해 스마트폰 이후를 열 것이다.

스마트폰 이후의 세계 시장을 놓고 삼성의 기어S, LG의 G워치R, 모토로라의 모토360, 애플의 아이워치가 격전 중이다.

현재 PC와 스마트폰이 인터넷에 연결됐다면 2020년에는 시계, 안경, 옷, TV, 냉장고, 침대 등 만물이 거의 다 연결된다.

초기에는 스마트폰 등 모바일 기기를 중심으로 연결되다가 나중에는 자동차, 집, 빌딩 등 도시 전체가 연결될 것이다.

센서를 통해 정보를 인터넷으로 보내는 사물의 수가 2020년 1인당 10개에 달해 19조 달러의 경제효과를 낳을 것이다.

2040년쯤 인터넷에 연결되는 사물의 수가 1인당 200개에 달할 전망이다. 모든 사물이 다 조언하는 시대가 되는 것이다.[77]

시각, 청각, 촉각은 물론 체내 화학반응에 이르기까지 각종 생체 신호가 사물 인터넷과 연결돼 데이터로 활용되고 있다.

프로테우스의 스마트 알약 '헬리우스'가 위에서 녹으며 생기는 인체 정보들이 스마트 시계를 타고 의사에게 전달된다.

엔진에 로봇을 심는다

제트 엔진, 발전 터빈, 제조 라인 등에 센서가 부착돼 방대한 데이터를 생산, 축적, 활용하는 산업 인터넷도 확산 중이다.

앞으로 500억 개의 기계들이 인터넷에 연결돼 엄청난 데이터를 쏟아낼 전망이다. 산업 인터넷 혁명이 일어나는 중이다.

각종 제조공정에서 수많은 부품과 기계가 사물 인터넷을 통해 말하게 된다면 불량을 줄이고 품질을 높일 수 있을 것이다.

산업 인터넷의 활성화로 똑똑한 기계들이 생성하는 빅데이터를 분석하고 활용함으로써 각종 산업의 생산성이 높아진다.

IBM은 모든 사물이 센서로 연결돼 더 똑똑하게 통신하는 스마트 세상을 꿈꾸며 소프트웨어 비즈니스를 강화하고 있다.[78]

에릭슨은 세계 1위의 통신장비 회사다. 하지만 매출의 60% 이상을 소프트웨어에서 올린다. 이제는 서비스와 솔루션이다.[79]

삼성전자도 하드웨어 우위만으로는 미래를 보장할 수 없다며 사물 인터넷, 소프트웨어, 빅데이터, 보안에 집중하는 중이다.

GE는 제조업의 강자이지만 지난 10년 동안 소프트웨어와 애플리케이션에 집중해 산업 인터넷의 선구자로 나서고 있다.

GE는 각종 산업의 기계 장비에 센서를 결합시켜 산업 데이터를 비축하고 분석하는 산업 인터넷 시대를 앞당기고 있다.[80]

GE는 항공 엔진, 발전 설비, 의료 장비 등에 센서를 달고 인터넷에 연결해 거기서 발생한 빅데이터를 가공해 제공한다.

GE의 산업 인터넷 플랫폼 '프리딕스'는 말하고 듣고 반응하는 기계의 데이터를 처리해 효율성을 높여주는 표준이다.

롤스로이스는 엔진에 CCTV를 설치하고 실시간으로 수리하는 로봇도 심어 엔진 사업의 서비스화를 더 강화할 계획이다.[81]

PC에서 모바일 기기로 전환되면서 일어난 변화와는 비교할 수 없이 더 큰 변화가 사물 인터넷 시대에 일어날 것이다.

보안 없이는 모래성이다

디지털카메라가 등장하면서 코닥이 침몰했듯이 나날이 확대되는 사물 인터넷 시장에 적응하지 못하다가는 도태될 것이다.

사물 인터넷 시대에 모든 기기는 해킹될 수 있다. TV, 냉장고, 자동차 등을 악의적으로 해킹해 외부에서 조종할 수 있다.[82]

센서로 사물의 정보가 처리되는 사물 인터넷 시대에는 냉장고가 폭탄처럼 터질 수도 있다. 보안 문제가 최우선이어야 한다.

무인차는 IT기기이기도 하다. 오작동에 따른 사고 위험이 있을 뿐만 아니라 해킹되면 테러의 무기로 돌변할 수도 있다.

사물 인터넷 시대에는 인간의 모든 행동이 데이터로 변환돼 어딘가에 저장된다. 프라이버시 침해를 막는 보안이 필수다.

사물 인터넷 시대에는 인간의 행동과 사물의 활동이 다 데이터로 저장된다. 보안을 책임지는 화이트 해커가 중요해진다.[83]

스마트 헬스케어의 경우, 건강 상태를 실시간 원격으로 진료할 수 있지만 의료정보가 유출되고 오·남용되는 위험이 있다.

사물 인터넷 시대에는 수많은 사물, 센서, 데이터, 사용자가 움직이기에 중앙 통제가 어렵다. 보안이 없이는 모래성이다.

스마트폰과 자동차뿐만 아니라 의료, 항공, 군수, 자동화 공정 등 다양한 영역에서 센서가 활용된다. 센서 시대다.

인천공항은 센서의 집합체다. 3만 5,700개의 센서가 작동되고 있다. 9년 연속으로 세계 1등의 국제공항이 된 비결이다.

사물 인터넷 시대의 총아인 센서는 스마트 기기, 자동차, 로봇, 홈 네트워크, 스마트 빌딩 등 첨단 분야에서 쌀과도 같다.

모바일 기기에서는 생체인식 센서, 건강진단 센서, 방사능 센서, 열자외선 센서, 유해물질 센서 등으로 발전할 것이다.

수많은 센서를 통해 이미 자동차는 자율적인 주행과 주차를 지향하고 있고 스마트폰은 지문과 심장 박동을 체크한다.

스마트 스킨도 있다

시계, 안경, 콘택트렌즈, 운동화, 옷 등 웨어러블 제품의 센서를 통해 심장박동, 호흡, 수면, 혈당, 보행 등을 체크한다.

스캐나두의 스카우트를 이마에 대면 심박수, 혈압, 혈중 산소농도 등 여러 생체신호가 측정돼 스마트폰으로 전송된다.

애플의 아이워치는 헬스케어용 스마트워치다. 10여 개의 센서를 탑재하고 있어 생체신호 측정과 원격진료가 가능하다.

구글은 당뇨병 환자의 눈물을 분석해 체내 혈당수치를 보여주는 스마트 콘택트렌즈를 개발 중인데 몇 년 후 상용화된다.

초소형 카메라, 센서, 통신장치가 심긴 콘택트렌즈를 구글이 개발 중이다. 먼 곳의 작은 물체도 확대해 보여줄 수 있다.

체중계에 무선 인터넷 센서가 달려 있어 체중, 근육량, 지방량 등의 정보를 실시간으로 PC나 스마트폰에 보낼 수 있다.

센서와 통신기능이 탑재된 쓰레기통에 각 가정이 버린 음식물 쓰레기 무게가 원격으로 전송돼 전체 비용이 합산된다.

센서가 부착되고 OS가 탑재되면 사물이 연결되고 작동된다. 사물 인터넷 시대는 결국 OS 플랫폼의 격전장이 될 것이다.

자동차용 OS를 둘러싼 쟁탈전이 뜨겁다. 구글의 '안드로이드 오토', 애플의 '카플레이'는 음성 인식 기반으로 작동된다.[84]

삼성의 기어 라이브, LG의 G워치, 모토로라의 모토360은 음성 인식 스마트워치이며 구글의 안드로이드웨어 OS를 쓴다.

음성 인식 앱 '숏컷'은 목소리로 집 안의 온도를 조절하고 조명을 관리할 수 있게 한다. 터치 방식이 사라질 전망이다.[85]

웨어러블 컴퓨터를 넘어 아예 피부에 붙이는 스마트 스킨도 나온다. 근육 센서, 온도 센서, 나노 약물입자로 구성된다.

기초과학연구원의 나노입자연구단은 파킨슨병 환자의 피부에 붙여 약물을 전달할 수 있게 하는 전자 피부를 개발했다.

고수는 연결의 천재다

맥주 맛과 포도 맛을 감별하는 전자 혀뿐만 아니라 단맛 감지능력이 인간의 100배인 바이오 전자 혀도 개발되고 있다.

냉장고 유리, 건물 유리창, 자동차 보닛 등 사물 외장이 디스플레이 역할을 하는 투명 디스플레이 기술도 상용화된다.

먼지처럼 작은 크기의 스마트 더스트 칩도 개발 중이다. 적진에 비처럼 뿌린다면 적의 모든 정보를 파악하게 될 것이다.

영화 〈아바타〉의 주제는 맹수를 비롯한 동물은 물론 만물과의 연결과 소통이다. 연결과 소통이 협력과 창조를 낳는다.

르네 마그리트는 양립할 수 없는 두 대상을 한 그림 안에 엉뚱하게 연결시킴으로써 상식과 규칙을 깨는 영감을 준다.

에드거 앨런 포는 사전에서 몇 개의 단어들을 무작위로 골라 서로 연결시켜 새로운 소설의 스토리를 구상했다고 한다.[86]

스티브 잡스에 따르면 서로 다른 것들을 연결하는 것이 창조다. 하수는 자기 것을 고집하고 고수는 남의 것과 연결한다.

스티브 잡스는 커서로 작동되는, 제록스의 마우스를 보자마자 채택해 매킨토시 PC를 만들었다. 그는 연결의 천재였다.[87]

스티브 잡스는 기존의 것들을 적절히 조합했고 거기에다 자신의 특별한 하나를 덧붙여 완전히 새로운 것처럼 보이게 했다.

창조의 천재로 추앙받는 사람도 알고 보면 연결과 조합의 천재였을 뿐이다. 기존의 99%에 자신의 1%를 덧입혔던 것이다.[88]

모든 색깔은 빨강, 노랑, 파랑의 일정한 조합으로 만들어지고 모든 정보는 0과 1의 다양한 조합으로 변환될 수 있다.[89]

창의, 창조, 혁신은 Connection과 Combination의 자식이다. Connector가 되고 Combinator가 되면 Creator가 된다.

P&G는 외부의 기술이나 아이디어를 내부의 연구개발에 접목시키는 연결개발로 혁신의 50% 이상을 충당하려고 한다.

연결해서 덧씌운다

어떤 용도로 개발된 이론, 기술, 제품, 서비스, 플랫폼이 다른 사람, 때, 장소, 문제와 연결되면 새로운 용도로 진화한다.

어떤 공정을 다른 문제의 현장에 덧씌움으로써 고차원의 새로운 것을 창출할 수 있다. 연결해서 덧씌우는 것이 창조다.

구텐베르크는 이미 있던 포도즙 압착기의 원리를 끌어다 연결하고 응용함으로써 지식 대폭발의 인쇄기 혁명을 낳았다.[90]

헨리 포드는 시카고 도축장에서 가축이 해체 라인을 따라 차례로 분해되는 과정을 살펴보고는 컨베이어 벨트를 창안했다.[91]

스케이트를 사시사철 타고 싶은 욕망이 바퀴가 달린 장난감을 타고 노는 아이의 모습과 겹치자 롤러스케이트가 착상됐다.[92]

통이 좁고 엉덩이 라인이 빼어난, 긴 주름치마를 입은 여자 친구의 몸매를 보다가 코카콜라병 디자인의 힌트를 얻었다.[93]

스와치 시계의 패션 디자인으로 유명한 멘디니는 여자 친구가 기지개를 켜는 모습에서 와인 오프너 '안나G'를 연상했다.

코카콜라병 디자인은 여자 친구의 몸매에서 힌트를 얻었다.

면도날에 피부가 베이는 문제를 해결하려던 고민이 이발사의 빗을 댄 가위질을 만나자 질레트의 안전 면도기가 나왔다.[94]

그림을 그리다가 지우개를 잃어버리는 문제를 해결하려던 고민이 모자를 쓴 얼굴과 연결되자 연필 지우개가 탄생됐다.[95]

'병실에 누워서도 음료수를 빨대로 마실 수 없을까.' 그런 고민이 수도꼭지의 호스와 연결되자 주름빨대가 개발됐다.[96]

식물이나 동물의 특성을 모방해 원료나 소재를 개발하는 쪽으로 연결시키는 자연모방 또는 생체모방 기술이 유행하고 있다.

매직테이프는 우엉 가시에서, 착유기는 흡혈 거머리에서, 도개교는 눈꺼풀에서 그 원리가 나왔다. 자연과의 연결이 창조다.[97]

자연과의 연결이 창조다

태양 전지는 광합성을 하는 잎을 모방한 것이고 강철 섬유는 거미가 집을 짓기 위해 뽑아내는 거미줄을 베낀 것이다.[98]

물이 묻지 않는 연잎에서 방수 의류의 원리가 나왔고 게코 도마뱀에서 수직 유리벽을 기어오르는 장갑의 원리가 나왔다.[99]

연잎은 솜털로 뒤덮인 돌기들이 무성해 물과 먼지를 몰아낸다. 이런 연잎 효과를 응용한 제품들이 속속 나오는 중이다.[100]

뿌리털에서 분비되는 접착성 액체로 자기 무게의 200만 배까지 담벼락에서 버티는 담쟁이덩굴에 관한 연구도 활발하다.[101]

솔방울은 축축하면 닫히고 건조하면 열린다. 이런 특성을 모방해 온도와 습도에 반응하는 옷이나 건축자재가 만들어진다.[102]

장미 가시들이 있는 쪽을 피해서 양들이 울타리를 넘어가는 것을 보고는 철사 가시가 달린 울타리용 철조망을 만들었다.[103]

모기의 흡입능력, 파리의 비행능력, 벼룩의 점프 능력을 모방해 초소형의 펌프 로봇, 비행 로봇, 정찰 로봇을 개발 중이다.

모기의 흡입능력을 모방한 초소형의 펌프 로봇이 개발 중이다.

모기 주둥이 끝이 가늘고 길어 찔러도 무통이다. 모기 주둥이처럼 생긴 주삿바늘이 일본에서 개발돼 큰 인기를 얻고 있다.[104]

거미줄은 같은 무게의 강철보다 20배 더 질기다. 인공 거미줄이 대량 생산되면 군사, 의료, 의류용으로 활용될 전망이다.[105]

흰개미 떼의 집은 공기정화 기능과 온도조절 기능이 탁월하다. 이런 기능을 응용하자 건물의 에너지 사용량이 격감했다.[106]

흰개미 떼의 습성을 모방한 흰개미 로봇이 개발돼 당장 모래주머니 쌓기나 장차 화성 기지 건설에 활용될 전망이다.

어떤 가스도 감지해내는, 나비의 날개를 모방하면 생화학 가스를 미연에 감지하는 안전 시스템을 만들 수 있을 것이다.[107]

물총새 주둥이와 고속열차

수만 개의 낱눈으로 이루어진, 잠자리의 둥근 곁눈을 응용해 만든 인공 잠자리 눈은 360도의 입체영상을 볼 수 있다.[108]

CIA는 잠자리 등 곤충형 로봇의 몸통에 도청기를 달아 경쟁 상대방의 정보를 도청할 수 있는 첩보전도 벌인다고 한다.[109]

곤충학자 레오뮈르는 장수말벌이 나뭇조각을 씹어 펄프를 만드는 것을 보고는 나무로 종이를 만들 수 있다고 했었다.[110]

거머리의 침 속에 있는 마취 성분, 혈관팽창 성분, 항응혈 성분을 응용해 제약업계가 항응혈물질 개발에 나서고 있다.[111]

접착성 단백질을 분비해 바위에 밀착하는 홍합을 연구함으로써 의료수술용 접착제를 개발하는 작업이 한창 진행 중이다.[112]

전복 껍데기는 탄산칼슘 벽돌과 단백질 진흙의 결합체다. 망치로도 깨기 어렵다. 이런 원리로 방탄 소재가 개발 중이다.[113]

미국 해군은 바닷가재나 게처럼 물속에서 잘 달리는 수중 로봇을 개발해 해저 탐사나 기뢰 탐지에 활용할 계획이다.[114]

콧구멍에서 발사하는 초음파로 정확하게 물체를 식별해내는 박쥐로부터 다양한 초음파 검사기술이 개발될 수 있었다.[115]

입수 때 파문이 약한 물총새의 길고 뾰족한 부리처럼 신칸센 고속열차의 앞머리를 설계해 터널 소음문제를 해결했다.[116]

상어 지느러미의 비늘에 미세돌기들이 있어 오히려 물의 저항을 줄인다. 이런 원리의 수영복이 수영기록을 갱신시켰다.[117]

북극곰의 모피와 남극 펭귄의 깃털이 갖고 있는 단열 기능을 본뜬 냉난방 시설을 만들려는 연구가 한창 진행 중이다.[118]

얼룩말의 흑백 무늬는 기압 차이를 내며 피부 온도를 8도 낮춘다. 이런 원리를 건축에 쓰자 실내 온도가 5도 낮아졌다.[119]

브렌트 콘스탄츠는 산호초가 시멘트 같은 구조물을 만드는 성장 공정을 골다공증 치료에 응용해 뼈 시멘트를 만들었다.[120]

혼자만의 발명은 없다

시멘트 응고를 막는 진동기계를 빙하 사이의 기름 덩어리에 연결시키자 20년 미결의 대형 기름유출 사고가 즉결됐다.

리드 헤스팅즈는 비디오 가게에 체육관의 회원제 지불 시스템을 접목시켜 동영상 대여 서비스인 넷플릭스를 창업했다.[121]

120년 넘게 선풍기에 큰 변화가 없었으나 다이슨은 핸드 드라이어 기술을 접목시켜 날개가 없는 선풍기를 만들었다.

아모레퍼시픽의 수시로 덧바를 수 있는 자외선 차단제 '에어쿠션'은 잘 찍히면서 번지지 않는 주차도장을 베낀 것이다.

고추장은 생필품이지만 새면 아주 난처하다. 이런 문제와 치약이 연결되자 튜브 고추장이 나왔다. 색다른 연결이 창조다.[122]

액체 우유와 사탕이 겹치자 씹어 먹는 고체 우유가 나왔고, 알약 비타민과 우유가 겹치자 마시는 액체 비타민이 나왔다.[123]

토머스 S. 엘리엇에 따르면 미숙한 시인은 베끼고 성숙한 시인은 훔친다. 고수는 이전의 것, 남의 것을 끌어다 활용한다.

코페르니쿠스는 지구가 태양의 주위를 돈다는 그리스 천문학자, 아리스타르코스의 B.C. 3C의 아이디어를 끌어다 썼다.[124]

셰익스피어는 초기에 크리스토퍼 말로우를 많이 훔쳤고 모차르트는 미슬리베체크를 많이 훔쳤다. 대가들은 다 도둑들이다.[125]

셰익스피어의 《로미오와 줄리엣》은 아서 브룩이 쓴 《로메우스와 줄리에트의 비극적 역사》에 살을 덧입힌 것이다.[126]

에디슨은 자신도 훔치고 조합했다고 고백했다. "상업과 산업에서는 다 훔친다. 나도 많이 훔쳤다. 나는 훔칠 줄 안다."[127]

에디슨의 전구는 조지프 스완의 백열등과 루이스 라티머의 필라멘트를 슬쩍 짜깁기한 것이다. 혼자만의 발명이란 없다.[128]

푸앵카레는 절대적인 공간도, 절대적인 시간도 없다고 했고, 아인슈타인은 그의 생각을 끌어다 상대성이론을 도출했다.[129]

위대한 예술가는 훔친다

보어는 러더포드 원자모형에다 행성이 태양을 돈다는 사실을 접목시켜 전자가 원자핵을 돈다는 보어 원자모형을 만들었다.

슈뢰딩거는 보어 원자모형에다 드 브로이의 물질파를 연결시켜 파동함수를 도출함으로써 양자론에 굵은 족적을 남겼다.[130]

하이젠베르크는 슈뢰딩거 원자모형에서 더 나아가 전자의 위치를 불분명한 구름 모양의 불확정적인 확률로 이해했다.

앨런 구스는 로버트 디키의 빅뱅 이론에 관한 강연을 듣고 감명을 받아 우주의 탄생에 관한 초팽창 이론을 생각해냈다.[131]

리처드 도킨스는 유전자가 진화의 핵심에 있다는, 윌리엄 해밀턴의 논지를 끌어다 그의 《이기적 유전자》를 구상했다.

김정희는 벼루 열 개와 붓 천 자루를 다 닳게 하며 고금의 서체들을 베끼고 훔쳐 자신만의 새로운 추사체가 나오게 했다.

피카소는 마티스 화풍과 아프리카 조각품을 끌어다 연결시켜 자기 스타일을 만들 수 있었다. 위대한 예술가는 훔친다.[132]

르네 마그리트의 〈피레네의 성〉은 미야자키 하야오를 거쳐 제임스 캐머런의 〈아바타〉로 이어졌다. 연결의 진화가 창조다.

스트라빈스키는 앞선 작곡가들의 작풍에서 일정한 본을 따와서 자신의 작풍을 만들곤 했다. 연결이 없이는 되는 것도 없다.[133]

이자람은 시대문제를 다룬 브레히트의 서사극을 끌어다 비틀었고 동시대성과 재미까지 부여해 판소리의 새 장을 열었다.

한 분야의 전문가가 힘을 발휘하던 분업화 시대가 가고 여러 분야를 엮어내는 연결자가 새 힘을 창조하는 융합화 시대다.

20세기가 분업과 전문가의 시대였다면 21세기는 협업과 융합가의 시대다. 연결하고 협력하고 융합하면 창조하게 된다.

문제들이 더 복잡해지고 있다. 하나의 각도로는 풀 수 없다. 여러 사람들의 각도가 필요하다. 연결하고 융합해야 한다.

늘 다른 각도로 본다

피타고라스 정리를 증명하는 방법은 100가지를 넘는다. 유일한 정답만 있지 않고 다양하게 다른 답이 있을 수 있다.[134]

남과 달라야 한다는 교육을 늘 받으며 유태인들은 자란다. 그래서 대화, 질문, 토론이 유태인의 교육에서 강조된다.

멘로이노베이션은 2명씩 짝을 지어 대화하고 토론하며 일하게 한다. 아이디어가 계속 흐르기에 제품의 불량률이 낮아진다.

생각의 점, 선, 면, 각도를 더 많이 확보하고 연결하고 융합함으로써 생각의 입체를 더 풍부하게 만드는 것이 창의다.

2D 프린터는 잉크와 종이로 글과 그림을 찍지만 3D 프린터는 모든 재료로 모든 것을 생산할 수 있다. 3차 산업혁명이다.

스마트 소재를 활용해 3D 프린터로 만든 제품이 빛 등 외부조건에 따라 변모하는 4D 프린팅 기술도 곧 나올 전망이다.

선은 면을, 면은 입체를, 입체는 시공간을 알 수 없다. 4차원의 시공간을 사는 우리는 그 너머의 고차원도 상상해야 한다.

결국은 상상력과 창의력의 싸움이다. 얼마나 다양하고 다른 각도로 보며 얼마나 다양하고 다른 색깔로 표현하는가.

다들 금 채굴에 전념할 때, 리바이 스트라우스는 광부들의 옷을 보고는 리바이스 청바지를 만들었다. 무엇을 다르게 보는가.

오레오는 1912년 태어나 100세를 넘긴 과자인데 기존의 '비틀고, 핥고, 담근다'는 핵심 개념을 늘 딴 각도에서 광고한다.

몰텐이 여러 원색의 경기용 공을 내놓았다면 나이트 스포츠는 밤에 칠 때마다 8분씩 발광하는 LED 골프공을 내놓았다.

'지식채널e'는 지식 개념을 기존의 주입식에서 시청자가 스스로 생각하는 방식으로 바꾸었고 거기에다 재미까지 섞었다.

다들 소통을 위해 SNS로 몰릴 때, 스냅챗은 그들에게서 소통내용 제거욕구를 읽어냈다. 다른 욕구를 간파할 수 있는가.

해 아래 새로운 조합이 있다

평범한 것도 끌어다 활용하면 창조가 되고 비범한 것도 내버려두면 쓰레기가 된다. 연결과 융합이 창조의 모체가 된다.

비계와 크레인이 없이는 건축할 수 없듯이 연결과 융합이 없이는 창조하기 어렵다. 연결과 융합은 황금알을 낳는 거위다.

연결과 융합은 창조의 탁월한 방식이다. 다양한 영역에서 강하게 나타나고 있다. 일시적인 유행이 아니라 장기적인 대세다.

사람이 만드는 것은 대체로 연결과 융합의 산물이다. 특히 음식은 거의 다 엮이고 섞인다. 연결과 융합은 생활이고 문화다.

슘페터에 따르면 혁신은 기존의 자원들을 새롭게 조합하는 것이다. 그 새로운 조합을 통해 창조적인 파괴가 일어난다.

해 아래 새것이 없다. 그러나 새로운 조합은 있다. 문학, 음악, 그림, 영화는 물론 기술, 제품도 새로운 조합의 결과물이다.

우려가 크지만 옥수수에 곤충의 유전자를 섞고 대장균에 인간의 유전자를 섞는 등 다양한 유전자 재조합이 실험 중이다.

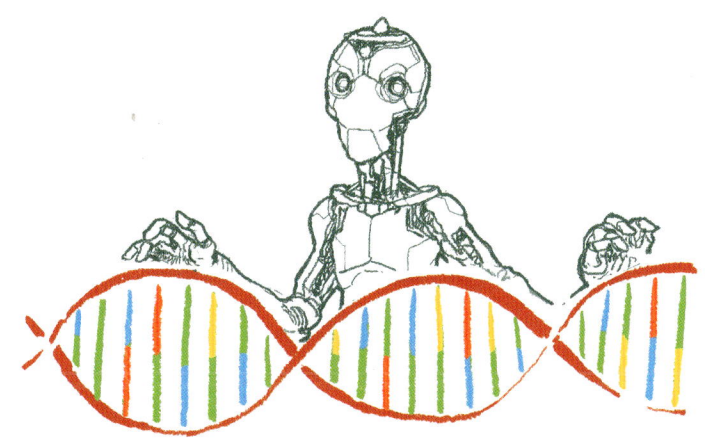

인간의 유전자와 다른 종의 유전자를 조합하는 실험이 진행 중이다.

재료들이 좀 밋밋해도 연결하고 융합하는 방식이 놀라우면 그 결과물도 그렇다. 연결하고 융합하는 방식이 기발해야 한다.

연결하고 융합한다고 창조가 그저 되지는 않는다. 모든 색을 다 섞으면 검정색이 되듯이 짬뽕은커녕 개밥이 될 수도 있다.

기존의 낡은 것들일지라도 딴 용도에 맞게 재조립, 재조합, 재결합, 재활용함으로써 새것을 만들어내는 것이 혁신이다.

다시 다르게 해석하고 정의하고 조합하고 활용하는 재해석, 재정의, 재조합, 재활용이 후발주자의 앞서가는 창조다.

구글이 32억 달러에 인수한 네스트의 실내온도 조절기는 컬러 스크린, 머신 러닝, 와이파이, 클라우드의 재조합이다.

스토리풀은 페이스북 등의 SNS에 올라온 텍스트 등의 콘텐츠를 검증한 후 언론과 포털에 제공하는 SNS뉴스 도매업자다.

참신한 재료가 많이 비축돼 있다면 더 나은 창조를 일으킬 수 있다. 상상에 잠긴다고 해서 창조가 나오는 것은 아니다.

포용과 교배여야 한다

재료와 기술이 좋아도 불이 약하면 창조적인 요리가 나오지 못한다. 아이디어가 참신해도 열정이 약하면 창조가 어렵다.

빅뱅 순간의 절대 고온이 최초의 미립자를 생성시켜 우주 만물의 창조를 가능하게 했다. 열정이 없이는 창조도 없다.

양자구별이 아니라 양자접속이어야 하고 다자택일이 아니라 다자융합이어야 한다. 차이를 수용, 연결, 융합, 활용한다.

다양한 만두소를 감싸는 만두피의 포용성, 그리고 김치찌개를 먹다가 금세 피자도 먹을 수 있는 유연성이 창조를 낳는다.

선택과 집중이 아니라 포용과 교배여야 한다. or가 아니라 and여야 한다. 짬뽕이나 자장면이 아니라 짬자면이어야 한다.

김치와 버터와 라면을 섞은 '김버라'는 물론 자장면과 스파게티를 섞은 짜파게티에다 너구리를 합친 '짜파구리'도 융합이다.

블로그에 올린 글을 모아 책을 내는 블룩(Blook)이 유행한 데 이어 SNS의 글로 책을 내는 스눅(SNook)도 유행이다.

IT, BT, ET, NT는 물론 팝송과 오페라의 팝페라, 교육과 오락의 에듀테인먼트, 쇼와 콘퍼런스의 쇼퍼런스도 다 융합이다.[135]

자동차에 IT의 인포메이션 기능이 확대되는 데다 엔터테인먼트 기능까지 결합되는 인포테인먼트 추세가 강화되고 있다.

할리데이비슨은 모터사이클을 팔지 않고 문화를 판다. Culture와 Product가 융합된 Cult-duct가 지배하는 세상이다.

스마트폰이나 태블릿PC의 앱과 연동해 스마트 기기를 더 다양하게 활용할 수 있게 하는 앱세서리 시장이 뜨는 중이다.

전화와 컴퓨터의 연결과 융합이 스마트폰이라면 그것에다 삼성 기어는 시계를, 구글 글래스는 안경을 각각 더 얹었다.

휴대폰의 기능이 진화를 거듭하고 있다. 전화 기능에 인터넷 기능이 연결되더니 이제 개인비서 기능까지 융합될 정도다.

사진, 숙박, 렌터카에 인터넷이 연결되고 공유 개념이 융합되자 공유 경제 기업인 인스타그램, 에어비앤비, 집카가 나왔다.

키메라처럼 융합한다

기술개발보다 더 중요한 것은 기술융합이다. 서로 다른 용도로 개발된 기술들의 합종과 연횡을 통해 첨단기술이 나온다.

패션과 의학이 융합하는 경우가 많아지고 있다. 허리 근력을 강화하는 옷, 관절의 움직임을 돕는 옷이 개발되고 있다.[136]

생명과학, 의학, 공학이 융합되는 생체모방 기술의 발전에 따라 뇌와 척추 외에는 다 가능한 인조인간이 등장하고 있다.

그리스 신화에 나오는 키메라는 사자의 머리, 염소의 몸통, 뱀의 꼬리로 결합돼 있지만 완전히 다른 차원의 괴물이다.

영화 〈타이탄의 분노〉에서 페르세우스는 크로노스를 이기기 위해 제우스, 하데스, 포세이돈의 창을 각각 다 가져야 했다.

우리가 미래에 직면할 문제들의 난이도가 급등하고 있다. 키메라처럼 이질적인 요소들을 융합하는 인재가 돼야 한다.

잡종이 더 강하다. 씨름, 복싱, 무술을 연결하고 융합하는 이종격투기는 최강이다. 칵테일과 비빔밥이 창조를 일으킨다.

남자아이들을 미치게 하는 자동차 장난감과 로봇 장난감을 연결하고 융합한 또봇 장난감이 인기 절정인 것은 당연하다.

네덜란드의 PAL-V가 자동차와 헬리콥터를 융합시켜 일반 도로에서 낮은 속도로 이착륙할 수 있는 '헬리카'를 출시했다.

익숙한 것에 낯선 것을 섞고 고상한 것에 상스러운 것을 비비고 딱딱한 것에 부드러운 것을 버무리는 융합이 창조다.[137]

화가 김현정은 한복을 입고 오토바이나 스노보드를 타는 여인의 엉뚱한 자태처럼 낯설게 조합된 모습을 화폭에 담아냈다.

본질을 다루되 환상을 엮어 스토리텔링으로 다루면 위대한 창조가 일어난다. 사람들은 본질과 환상을 스토리로 소비한다.

1991년 아오모리에 태풍이 불어 사과농사를 망쳤지만 남은 사과에 '합격'이라는 콘셉트를 믹스시켜 10배 비싸게 팔았다.

오토코마에 두부는 고품질의 두부에다 '남자다움'이라는 하이콘셉트를 생뚱맞게 연결시킴으로써 고가에 팔릴 수 있었다.

이질적인 교류가 창조다

잡지, 상표, 헝겊, 철사 등을 끌어다 붙여 그림을 구성하는 콜라주 창작법은 영화, 소설, 건축 등에서도 두루 활용된다.

다큐멘터리의 형식을 빌리되 그 내용이 픽션인 모큐드라마가 인기다. 이질적인 결합이 새로운 변종의 탄생을 가능하게 한다.

수소는 불이 잘 붙고 산소는 불을 잘 붙인다. 그런데 수소 원자 2개와 산소 원자 1개가 결합되면 물 분자 1개가 된다.

나트륨은 소량이라도 물에 떨어지면 강하게 폭발한다. 염소는 독성이 치명적이다. 그러나 서로 결합하면 소금이 된다.[138]

사람과 사람의 사이인 인간, 학문과 학문의 사이인 학제, 국가와 국가의 사이인 국제를 연결하고 다루면 창조가 된다.

경계를 넘어 다양한 분야를 두루 섭렵하고 어떤 주제나 문제를 중심으로 서로 연결시키고 융합시키면 창조가 일어난다.

시인 함민복에 따르면 "모든 경계에는 꽃이 핀다." 동질적인 영역보다는 이질적인 영역에서의 교류가 창조를 낳는다.

국립현대무용단의 공연 〈춤이 말하다〉는 전통춤, 현대무용, 발레, 비보이, 스트리트 댄스를 융합시킨 콜라보레이션이었다.

최재천 교수에 따르면 창의성에는 경계가 없다. 학문의 국경을 넘나들 때는 거추장스러운 입국 절차를 생략해야 한다.

칸막이를 치면 좁은 전문성은 가져도 넓은 창조성은 가지지 못한다. 아무 경계도 느끼지 않는 융합이 큰 창조를 낳는다.

레오나르도 다빈치는 예술가이자 과학자였다. 그는 예술과 과학을 같이 연구하라고 했다. 예술과 과학은 별개가 아니다.

아르망 트루소에 따르면 예술가가 아닌 과학자, 과학자가 아닌 예술가는 둘 다 최악이다. 예술과 과학은 연결돼 있다.[139]

에드윈 랜드는 폴라로이드가 예술과 과학의 교차점에 서길 바란다고 했고 그의 말을 스티브 잡스는 애플에서 재현했다.

뉴욕현대미술관은 다양한 장르의 예술을 포섭하는 한편 디지털 기술도 더해 사람들에게 예술의 경험을 선사하고자 한다.

연결지능과 융합지능

피겨 스케이팅의 점수는 예술 점수와 기술 점수로 구성된다. 기술력과 함께 예술성이 있어야 고득점을 얻을 수 있다.

영국의 다이슨에는 디자이너와 엔지니어의 구별이 없다. 직함이 디자인 엔지니어다. 대표도 디자이너 출신의 엔지니어다.

본토민들보다 이민자들 중에서 창의적인 사람이 더 많이 나온다. 두 문화권의 경계를 서로 연결시킬 수 있기 때문이다.[140]

관점, 시각, 해석이 다르고 계층, 인종, 성이 다른 사람들로 구성된 조직이 다양한 목소리를 낸다면 혁신이 촉진된다.

십인십색의 이질적인 집단 지성이 다양한 목소리를 낸다면 십인일색의 동질적인 집단 사고는 단 하나의 목소리만 낸다.

아이디어의 개수보다 이질성이 더 중요하다. 동질 그룹의 동질 아이디어가 아니라 이질 그룹의 이질 아이디어여야 한다.

덜 똑똑하지만 다양한 사람으로 구성된 그룹이 똑똑하지만 동질적인 사람들로 구성된 그룹보다 더 좋은 성과를 올린다.[141]

서로 모르는 사이의 이질적인 인맥을 가진 사람이 서로 아는 사이의 동질적인 인맥을 가진 사람보다 훨씬 더 창의적이다.[142]

영국은 다양한 관점을 가진, 다양한 사람들로 암호 해독팀을 짜 독일군 암호를 풀어냄으로써 2차 대전을 승리로 이끌었다.

미국에서 두드러지게 대혁신의 사례가 많이 나오는 이유는 미국이 그야말로 다양한 인종과 문화의 합중국이기 때문이다.

실리콘밸리는 다양한 인종이 연결되고 융합되는 용광로다. 혁신은 다른 배경의 사람들이 경쟁하고 협력하는 데서 나온다.

세계 1위의 접착제 회사인 헨켈에는 다양성과 포용을 담당하는 부사장이 있다. 다양한 조직원들의 적절한 접착이 창조다.[143]

이전의 역사적인 것들을 나의 것과 엮는 연결지능, 남의 다른 것들을 나의 것과 뒤섞는 융합지능이 창조를 일으킨다.

로댕이 30년 넘게 고생하고서도 결국 미완성으로 남긴 〈지옥의 문〉은 단테의 《신곡》을 1년 내내 읽은 결과물이었다.

어떤 창조도 합창이다

로댕의 〈지옥의 문〉은 연결과 융합의 결정판이었다. 그는 거기에 기존의 작품들을 대거 출동시켜 한 스토리로 묶어냈다.

이전의 것들과 이어 붙이고 남의 것들과 뒤섞는 데서 창조가 나온다. 고독한 연구가 아니라 서로 연결된 연구여야 한다.

창조는 외로운 연구실보다는 사회적이고 문화적인 상호작용에서 더 자주, 많이 나온다. 개인보다 팀이 더 창조적이다.

나 혼자 열심히 하는 것만으로는 창조할 수 없다. 함께 교감하고 소통하고 협력할 수 있는, 나만의 팀이 있어야 한다.

처음부터 탁월한 아이디어는 없다. 다른 아이디어들과 연결되고 충돌되고 융합되는 과정에서 점점 탁월하게 진화한다.

다른 사람들과 협력하고 공유함으로써 창조가 나온다.

인텔렉추얼벤처스는 서로 다른 전문가 8명이 한데 모여 활발하게 토의함으로써 탁월한 아이디어들을 도출한다.

브라운대학교의 두뇌연구팀은 인지과학, 신경과학, 의학, 생물학, 물리학, 심리학 등 다양한 연구원으로 구성돼 있다.[144]

과학의 통합을 추구하는 산타페연구소는 물리학, 생물학, 컴퓨터과학, 사회과학 등 다양한 분야의 연구원들이 협력한다.[145]

쓰나미와 강진에 따른 원전 사고를 수습하려면 원전, 방사능, 지진, 도시공학, 의학 등 여러 전문가가 뭉쳐야 한다.[146]

지구 온난화 문제를 해결하려면 해양학자, 기상학자, 지질학자, 물리학자, 화학자, 생물학자 등이 전문성을 합쳐야 한다.

물은 서로 다른 물 분자끼리 끊임없이 결합하고 분리하면서 유연한 창조성을 유지한다. 물처럼 생각도 그래야 한다.

어떤 창조도 독창은 없다. 다 합창이다. 역사로부터 배우고 다른 사람들과 협력하고 서로 공유함으로써 창조가 나온다.

노벨 물리학상을 탄 닐스 보어, 엔리코 페르미의 문하에서 각각 4명, 6명의 노벨상 수상자가 나왔다. 창조는 합창이다.[147]

하이젠베르크 등 젊은 물리학자들이 보어에게로 몰려 양자역학의 거보를 내딛는 동안 아인슈타인은 홀로 뒤처져 있었다.

이제는 다 공동수상이다

아인슈타인은 창조주가 주사위 놀음을 하지는 않을 것이라면서 양자역학의 불확정적인 확률 개념을 받아들이지 못했다.

미국, 영국, 캐나다에서 수천 명의 과학자가 협력한 맨해튼 계획은 3년의 압축적인 기간에 원자폭탄을 만들어냈다.

기초 과학자와 응용 기술자의 협력으로 20세기 최고의 혁신집단으로 군림해온 벨연구소는 노벨 물리학상을 7번 받았다.[148]

이전에는 단독으로 노벨 과학상을 받곤 했지만 이제는 다 공동수상이다. 협력하지 않고서는 창조할 수 없는 시대다.

과학계를 비롯한 학계에서는 한 저자의 단독 논문보다는 여러 저자의 공동 논문이 더 많아지고 있다. 협력이 대세다.

나의 창조적인 역량을 키우며 창조적인 작품을 만드는 것만큼이나 나의 그런 점을 알아볼 줄 아는 사람도 있어야 한다.

맨손으로 패션 왕국을 세운 디자이너, 랄프 로렌에 따르면 타이밍과 운, 나를 알아봐주는 사람이 나의 성공을 결정한다.

1485년 보티첼리가 그렸던 〈비너스의 탄생〉은 수백 년간 외면당하다가 존 러스킨의 재발견 이후 명작의 반열에 올랐다.

톨킨과 루이스는 16년간의 독서모임에서 서로 생각을 나눔으로써 《반지의 제왕》과 《나니아 연대기》의 모체를 형성했다.

코코 샤넬은 열정과 재능이 대단했지만 에띠엔느 발장, 아서 카펠, 웨스트 민스터를 만났기에 최정상에 오를 수 있었다.

조너선 아이브가 없었다면 스티브 잡스도 없었다. 그는 미니멀리즘 디자인으로 아이팟, 아이폰 등을 잇따라 성공시켰다.

마케팅 담당의 켄 시걸도 스티브 잡스의 성공에 불을 붙였다. 그는 애플의 모든 제품에 '아이'라는 이름표를 달아주었다.

레이 커즈와일의 책, 《특이점이 온다》를 읽고 기업인 디아멘데스는 인류의 미래문제를 풀고자 특이점대학교를 세웠다.

초연결 사회와 초협력

피겨 스케이트 선수 김연아는 안무가 데이비드 윌슨을 만남으로써 천의 얼굴과 몸짓을 가진 예술가로 거듭날 수 있었다.

바늘에게는 망치가 아니라 실이 필요하고 나에게는 최강자가 아니라 나의 부족과 필요를 채워주는 사람이 있어야 한다.

함께 일하는 협업, 함께 노래하는 합창, 함께 학습하는 합습, 함께 소유하는 공유가 새로운 가치로 부상하는 중이다.

SNS와 사물 인터넷을 통해 사람 사이, 사람과 사물 사이, 사물 사이가 연결되는 세상이다. 협력과 공유가 더욱 중요하다.

청소년들이 SNS를 통해 먼 거리에서도 소통하고 협력해 PC를 조립하고 소프트웨어를 개발하는 회사 '제곱'을 세웠다.

퀄키는 100만 명이 넘는 회원으로부터 수렴한 아이디어를 매주 선별해 시제품을 만든다. 발상에서 유통까지 다 협업이다.

LG전자도 첫 아이디어 제공자와 추가 아이디어 제공자에게 완성품 매출의 일부를 주는 아이디어 공모제를 시행한다.

초연결 사회에서는 독립적으로 살 수 없다. 국가도, 기업도, 개인도 독립의 가치보다 협력의 가치를 더 중시해야 한다.

1경 개의 세포로 된 인체에 10경 마리의 박테리아가 있다. 소화기관에만 10조 마리가 있다. 인체는 이미 초협력체다.[149]

이기는 사람이 더 가지고 다 가지는 초경쟁 시대다. 그러나 집단 지성의 초협력 시대이기도 하다. 경쟁하고 협력한다.

팀 구성원을 자신의 가장 중요한 자산으로 여기며 함께 어울려 일하고 나누고 노는 사람이 초협력 시대의 영웅이다.

영화 〈어벤져스〉는 슈퍼 히어로들의 협력을 다룬다. 최강자일지라도 혼자서는 고난도의 문제들을 해결할 수 없는 시대다.

넷플릭스의 인사 원칙에 따르면 A급 직원들을 뽑고 유지해 그들과 함께 일할 수 있는 기회를 주는 것이 최상의 복지다.

팀이 천재보다 낫다

문제들이 점점 거대해지는 상황에서 최고의 인재가 되든지, 최적의 인재가 되든지, 아니면 협력하는 인재가 돼야 한다.

어느 누구도 혼자서는 격변의 흐름을 따라잡을 수 없다. 이제 혼자만의 천재는 없다. 그룹으로서 천재가 있을 뿐이다.

협력과 공유의 초협력 시대다. 팀이 천재보다 낫다. 자기중심적인 이기주의자나 고집불통의 독불장군은 통제돼야 한다.

조직의 유명한 인재는 스카우트돼 떠나거나 독립해 경쟁자가 되기도 한다. 협력하고 공유하는 범재들로 조직을 키워야 한다.

"스스로 특별하다고 여기는 선수가 한 명이라도 생기면 그때는 끝이다." 브라질의 배구 감독 베르나르도 레젠데의 말이다.

모든 구성원에게서 자질과 역량을 발견하고 끄집어내고 충분히 활용하는 리더인가, 일부에게서만 그렇게 하는 리더인가.

개인 지성을 넘어 집단 지성, 개인 의지를 넘어 집단 의지, 개인 행동을 넘어 집단 행동을 촉발시키고 분출시켜야 한다.

최고의 리더는 최고의 질문을 던지며 참여와 토론에 불을 붙이고 최고의 생각을 이끌어 최고의 결정이 내려지게 한다.

다람쥐는 도토리를 모으기만 한다. 사람은 도토리를 모으고 심고 가꾼다. 참된 리더십은 인재를 활용하고 성장시킨다.

남을 노리고 죽이는 거미족도 아니고 자기 식구만 챙기는 개미족도 아니고 남과 함께 협력하고 나누는 나비족이 된다.

흡혈박쥐는 배고픈 이웃에게 피를 토해 나누며 협력하고 작은 양놀래기는 큰 농어의 입 안에서 청소하며 협력한다.

초미세 로봇에 항암제를 장착하고 박테리아를 로봇 다리처럼 붙이면 박테리아도 로봇을 밀고 암세포를 향해 달린다.[150]

하위의 기초 단위에서 나타나지 않던 특성이나 행동이 상위의 전체 구조에서는 자발적인 소통과 협력을 통해 창발을 이룬다.

하위 단위의 단백질 분자에서 나타나지 않던 생명체 특성이 상위 단위의 세포, 장기, 개체로 가면서 돌연히 발현된다.

다감각의 교차와 융합

하나의 개체는 단순하게 움직이면서 다른 개체들과 피드백을 하는데 그런 피드백이 쌓이면 더 나은 지능이 나타난다.

개개의 버섯흰개미는 집을 짓지 못하지만 그 떼지능은 냉난방 장치까지 갖춘 집을 4미터 높이의 탑 모양으로 짓는다.[151]

수많은 사람이 소셜 네트워크에서의 상호 작용을 통해 소셜 커머스, 소셜 기부, 소셜 선거 등 집단 지성을 실행한다.

비슷하거나 동일한 집단 사고, 집단 행동, 집단 소비로는 더 나은 수준의 창발을 일으키지 못한다. 다양성이 있어야 한다.

사실일지라도 편중된 정보를 피해야 한다. 지나친 자신감에 사로잡힌 사람도 피해야 한다. 다양한 관점이 없기 때문이다.

수소처럼 스스로 불타는 사람, 산소처럼 남을 불태우는 사람을 넘어 이제는 탄소처럼 남들과 결합하는 사람이 돼야 한다.

누가 천재인가. 다빈치 같은 사람인가. 내가 바로 천재다. 나의 안팎에서 연결과 융합이 지속되면 천재성이 작동된다.

천재들은 음악에서 색채를 보고 그림에서 선율을 듣는다. 그들에게는 여러 감각을 연결하고 융합하는 공감각이 있다.

뛰어난 예술가들은 다감각적이다. 음악에서 그림을 그려내고 그림에서 음악을 뽑아내며 무용에서 듣고 그릴 수 있다.

미국의 무용가, 로이 풀러에 따르면 춤은 빛이고 색이며 동작이고 음악이다. 또 관찰이고 직관이며 최종적으로는 이해다.[152]

감각이 뛰어난 사람들은 글에서 색깔을, 그림에서 음악을, 음악에서 냄새를 느낀다. 감각의 교차와 융합이 일어난다.

보는데 듣는 작곡가도 있고 듣는데 보는 화가도 있다. 보고 나서 수식화하는 수학자도 있고 그림을 쓰는 시인도 있다.[153]

작곡가 슈만에 따르면 음악가는 그림을, 화가는 음악을, 배우는 조각을, 조각가는 연극을 공부하고 탐구할 수 있어야 한다.[154]

음악가는 음표를, 작가는 단어를, 수학자는 수식을, 과학자는 실험을 넘어서야 한다. 경계를 넘어서야 큰 창조가 나온다.[155]

경계를 넘어서야 큰 창조가 탄생한다.

전인교육과 융합수업

아인슈타인은 상상력이 달리면 바이올린을 켜든지, 시인들을 만나곤 했다. 경계를 넘나드는 시공간에서 창조가 꽃핀다.

이어령에 따르면 기술과 컴퓨터과학에 시가 입혀야 사람이 사람답게 사는 세상이 된다. 엔지니어 시인이 많아져야 한다.

찰스 도지슨은 동화 《이상한 나라의 앨리스》를 쓴 수학자였고 코난 도일은 명탐정 '셜록 홈즈' 시리즈로 유명한 의사였다.

버몬트대학교의 베른트 하인리히 교수는 숲 속의 통나무집에 살면서 시인, 화가, 과학자의 눈으로 동물들의 삶을 그려낸다.[156]

창조적인 사람들은 일과 취미를 묶을 줄 알고 다양한 영역을 넘나들며 섞을 줄 안다. 그들은 전문가가 아니라 전인이다.

플레밍이나 파인먼은 심각한 연구에다 장난스러운 놀이를 접목시켰다. 그들의 위대한 발견은 엉뚱한 연결의 산물이었다.[157]

파인먼은 공중에서 빙글빙글 도는 접시를 보고는 상대성이론, 양자역학, 양자전기역학을 파고들며 전자 궤도를 연구했다.[158]

일만 하는 개미도, 놀기만 하는 베짱이도 아니다. 일하면서 놀고 놀면서 일하는 '개짱이'여야 한다. 일과 놀이는 하나다.[159]

MIT는 디즈니랜드가 돼가고 있고, 디즈니랜드는 MIT에 가까워지고 있다. 학교와 놀이터의 경계가 모호해지는 양상이다.[160]

학교는 학생이 화가이자 과학자, 음악가이자 수학자, 무용가이자 공학자가 되도록 만드는 통합교육을 시행해야 한다.

가슴과 머리, 직관과 이성, 상상과 실재가 서로 결합되고 이 과목과 저 과목이 서로 융합되는 전인교육이어야 한다.

이공계 출신에는 인문사회학을, 인문사회계 출신에는 과학을 가르치는 융합형 석사과정이 미국 등지에서 진행 중이다.[161]

서강대학교 아트앤테크놀러지학과는 인문학, 사회학, 자연과학, 예술학 등 다양한 전공의 교수들이 융합수업을 진행한다.

경계를 넘나드는 창조인재

스탠퍼드대학교의 디자인 스쿨은 다른 전공, 관점, 경험의 대학원생들을 뒤섞는 수업을 통해 급진적인 협력을 창출한다.[162]

비즈니스 스쿨은 디자인적인 측면을, 디자인 스쿨은 비즈니스적인 측면을 각각 강화해야 한다. 둘은 서로 만나야 한다.

자신의 전공 분야에서 뛰어난 역량을 가지면서도 다양한 분야를 두루 공부해야 서로 연결하고 융합하는 창조를 낳는다.

메디치 가문은 다양한 예술가, 과학자, 상인의 이질적인 역량을 융합함으로써 르네상스 시기의 문예부흥을 이룰 수 있었다.

물리학자였던 루이스 앨버레즈는 고생물학에도 관심을 가졌기에 소행성 충돌로 공룡이 멸종됐다는 가설을 제시할 수 있었다.[163]

르네상스 테크놀러지는 자연과학 전공자들을 뽑아 금융을 가르치는 데 협력과 공유로 높은 헤지펀드 수익률을 자랑한다.

자연과학과 공학, 사회과학과 인문학, 기술과 예술의 경계를 무너뜨리고 넘나드는 인재가 미래문제를 해결할 수 있다.

MIT 미디어랩에서는 전공을 넘나든다. 컴퓨터 과학자가 유아교육을, 음악가가 뇌과학을, 예술가가 전기공학을 배운다.[164]

영화 〈트랜스포머〉에서 자동차는 로봇이 됐다가 자동차로 되돌아오곤 한다. 다중의 전문적인 역량이 요구되는 시대다.

한두 가지를 잘하는 전문가에서 서너 가지를 잘하는 멀티플레이어를 넘어 네댓 가지를 융합하는 '옴니플레이어'여야 한다.

지금의 청년들은 평생 네댓 직종을 전전하게 될 것이다. 피터 드러커처럼 3년 주기로 낯선 영역을 번갈아 융합해야 한다.

어제는 예술가였다가 오늘은 기술자이다가 내일은 요리사일 수 있는 융합형 인간만이 미래의 인재 시장에 존재할 것이다.

하늘과 사람과 소통하고 협력하며 자기 영역과 딴 영역에서 두루 전문성을 갖춘 '원'(元)자형 인재가 으뜸인 시대다.

영감과 **전략**

어제의 묵은 노력이 아니라 오늘의 신선한 영감으로 산다. 영감이 사라진 반복은 진액을 빼는 강제 노역이다. 영감과 함께 전략도 있어야 한다. 더 나은 전략으로 싸우면 약한 전력으로도 이길 수 있고 피해도 줄일 수 있다. 하수는 전력으로 밀어붙이고 고수는 전략을 써서 안 싸우고 이기기도 한다. 각각의 부분 해법에 정통하면서 전체 해법도 관통한다면 대전략가가 될 수 있다.

chapter 3

흐름을 읽어야 리더다

아프리카의 누는 비 냄새를 맡는 후각으로 비를 따라가다가 초지를 찾아낸다. 미래의 비 냄새를 맡는 감각을 키우는가.

새롭고 낯선 것이 나타나면 그것이 미래 흐름의 단초인지 가려내야 한다. 리더라면 미래 신호를 감지할 수 있어야 한다.

어제의 경직되고 획일적인 눈이 아니라 오늘의 자유롭고 창의적인 눈으로 오늘의 달라진 상황을 응시할 수 있어야 한다.

같은 것을 보고도 딴 것을 가려내는 관찰자여야 하고 새것을 감지하는 선견자여야 한다. 남다른 눈이 남다른 인생이다.

파도가 아니라 파도를 일게 하는 바람의 흐름을 볼 수 있어야 한다. 점점 더 커지는 바람인가. 어디로 향하고 있는가.

바깥쪽의 얕은 물결에 휘둘리지 말고 안쪽의 깊은 물살을 살펴보고 따라가야 한다. 큰 변화의 급물살을 들여다보는가.

혼돈과 복잡성이 커지는 시대다. 저 멀리까지 미래의 큰 흐름을 보고 쫓아가지 않으면 현재의 산사태에 함몰되고 만다.

파도가 아니라 파도를 일게 하는 바람의 흐름을 볼 수 있어야 한다.

대기업은 물론 국가마저도 거대한 흐름을 창출하거나 꺾을 수 없다. 단지 읽고 올라탈 뿐이다. 흐름을 읽어야 리더다.

약자는 1~2년 후의 흐름과 기회를 먼저 안다고 해도 잡기 어렵다. 10~20년 후의 미래를 공부하면서 역량도 키워야 한다.

과학의 흐름은 기술과 산업의 흐름으로 나타나고 마침내 생활과 문화의 흐름으로 이어진다. 과학의 흐름을 주시해야 한다.

최첨단 기술의 가속적인 발전으로 파괴적인 혁신이 모든 영역에서 일어나고 있다. 꾸물거리다가는 파괴되고 말 것이다.

노키아는 훨씬 많은 연구개발비를 쓰고서도 애플의 파괴적인 혁신에 무너지고 말았다. 점진적인 혁신에 머무른 결과였다.[165]

파괴적인 혁신은 동종업계를 넘어 이종업계까지 전방위로 확산된다. 아이폰이 닌텐도 게임, 카메라, MP3를 무너뜨렸다.
'중국의 애플'로 불리는 샤오미가 저가의 고성능 스마트폰으로 삼성전자를 넘어설 기세다. 파괴적인 혁신일지도 모른다.

변화에 대한 대응을 넘어 변화 그 자체가 되기도 해야 한다. 현재의 안정을 굳히기보다는 미래의 자리를 선점해야 한다.

추월이 아니라 초월이다

시민운동이나 민주화 투쟁보다 더 광범위한 사회변동을 일으키는 것은 기술진보다. 신기술은 파괴와 창조의 어머니다.

그럴싸한 것을 추구하며 얼쩡대다가는 금세 낙오한다. 세계적인 격변의 흐름이 주는 위협과 기회를 간파해내야 한다.

불꽃이 아니라 불길을 보고 물결이 아니라 물살을 보아야 한다. 이 시대의 으뜸가는 흐름은 기상이변과 인공지능이다.

평범한 사람들의 눈에도 읽히는 트렌드라면 수년 전에 시작된 것이다. 장기적인 것이라면 지금이라도 올라타야 한다.

2040년 세계 인구는 90억 명에 달할 것이다. 풍족히 공급하는 경제에서 절약, 재생, 대체하는 경제로 바뀌게 될 것이다.

평범한 사람들의 눈에도 읽히는 트렌드라면 수년 전에 시작된 것이다.

현재 세대의 탐욕을 충족시키는 이기심 경제가 아니라 미래 세대의 삶을 위해 절제하는 이타심 경제로 전환될 것이다.

아시아와 아프리카의 인구 급증으로 세계 인구가 90억 명에 달하면 유전자변형 식량의 소비 확대가 불가피할 전망이다.

무인기, 로봇, 3D 프린터, 사물 인터넷, 온라인 공개수업이 거대한 흐름으로 부상하면서 곳곳에서 지각변동이 일고 있다.

무인기의 몰시 촬영, 곤충형 로봇의 불법 침투, 사물 인터넷의 실시간 해킹으로 사생활 침해도 점점 늘어날 전망이다.

온라인 공개수업의 확산에 따라 문을 닫는 대학교가 늘어날 것이며 학점과 학위 시스템도 창조적으로 바뀌는 중이다.

테슬라모터스와 미아 일렉트릭은 전기차 시장의 혜성이다. 요즘은 무명들이 불쑥 등장해 기존의 판도를 바꾸는 시대다.

한다고 해서 되는 시대는 분명히 아니다. 노력보다 창조여야 하고 추월보다 초월이어야 하고 정답보다 출제여야 한다.

노력과 창의성, 집중과 유연성, 추진력과 통찰력은 양자택일이라기보다는 우선순위의 문제다. 후자가 더 우선하는 시대다.

모범 답안에 도달하려고 노력하는 한편 그것을 버리고 넘어설 수도 있어야 한다. 세상이 너무 빨리 변하기 때문이다.

세계 인구의 0.2%이지만 세계를 주도하는 유태인 중에는 세계적인 운동선수가 별로 없다. 영감을 더 추구하기 때문일까.

영감이 노력을 완성한다

어제의 묵은 빵이 아니라 오늘의 갓 구운 빵을 먹는다. 어제의 묵은 생각이 아니라 오늘의 신선한 영감으로 살아낸다.

영감이 사라진 반복은 진액을 빼는 강제 노역일 뿐이다. 영감도 없이 규칙을 준수한다는 것은 말뚝에 묶이는 것과 같다.

인내가 없이는 열매도 없다. 그러나 영감이 없는 인내는 중노동이다. 신선한 상상을 동원하고 가미하면서 인내한다.

영감이 없으면 껍데기 인생이다. 어디서 무엇으로 영감을 얻는가. 독서, 관찰, 경청, 명상, 기도, 산책, 여행, 만남인가.

99%의 노력이 없이는 1%의 영감도 없다. 그러나 1%의 영감도 없는 노력은 고생일 뿐이다. 영감이 노력을 완성시킨다.

영감이 섬광처럼 떠오른다기보다는 고민의 숙성 과정에서 다양한 생각들이 연결, 충돌, 융합되면서 천천히 떠오른다.

인터넷, SNS, 스마트 기기, 사물 인터넷의 확산에 따라 인간의 사고는 자꾸 짧아진다. 더 깊이 독서하는 사람이 이긴다.

게임기, PC, 스마트폰 등 디지털 기기를 쓴 직후에는 대마초를 피운 것보다 더 심하게 집중력과 지능이 떨어진다고 한다.

지식의 융합과 폭발을 일으키는 사람이 세상을 융합시키고 폭발시킬 수 있다. 스마트 시대이기에 더욱 독서가 전략이다.

먹는 음식, 읽는 책, 만나는 사람, 일하는 장소를 바꾸지 않고 인생을 바꿀 수 없다. 우선 대가들의 책부터 읽기 시작하라.

스스로 깨쳐 혁신하는 사람은 거의 없다. 외부 충격이 있어야 한다. 대가들의 책을 읽는 것은 강력한 외부 충격이다.

하나님과의 만남과 같은 충격이나 죽음과의 만남과 같은 충격이 있으면 비약이 나타난다. 대가들의 책을 읽어도 그렇다.

대가들의 책을 읽다 보면 생각들의 대충돌로 똑똑한 생각이 돌출된다. 똑똑한 생각 하나가 세계일주 경험을 압도한다.

세계를 일주하는 바보도 있고 집 안에서 사유하는 천재도 있다. 인간의 위대성은 독서하고 사유하는 능력에 있다.

생각의 충돌이 영감이다

다양한 책을 폭넓게 읽으면 한 분야의 아이디어와 딴 분야의 아이디어가 서로 융합돼 창의적인 아이디어를 창출한다.

창조 입자인 힉스 입자는 양성자들의 초고속 충돌로 생성된다. 창조는 생각들이 강하게 소통되고 충돌되면서 나온다.

만물의 기본 입자들에 질량을 주는 창조 입자 곧 힉스 입자는 빅뱅의 충격으로 생성된다. 생각의 충돌이 창조를 만든다.

물체가 충돌하면 빛이 나오듯이 생각이 충돌하면 영감이 나온다. 독서와 토론을 통한 생각의 충돌이 창의를 낳는다.

다윈은 갈라파고스제도에서 수집된 핀치 새들이 같은 종류의 변형이라는, 존 굴드의 생각을 듣고서 진화론을 착안했다.[166]

변화의 큰 흐름을 읽는 대가도 있고 전쟁의 큰 그림을 보는 대전략가도 있다. 대가와 대전략가의 책을 읽어야 한다.

지금은 개인 간의 싸움이 아니라 커뮤니티 간의 싸움이다. 대가들의 책을 두루 읽으면 그들의 커뮤니티에 드는 셈이다.

하위의 지식과 정보가 있는가 하면 상위의 지식과 정보가 있다. 대가들의 책과 동행하면 대가들의 지식과 정보를 얻는다.

세상은 급변하고 수명은 늘어난다. 독서하지 않고서는 원숙한 노인이 될 수 없다. 빈 껍데기로 장수해야 할지 모른다.

쟁기로 땅을 갈아엎어 새 공기를 불어넣듯이 독서로 뇌를 갈아 새 생각을 불어넣는다. 독서는 창조로 가는 지름길이다.

이순신은 독서를 통해 이미 조선 초에 거북선이 있었다는 사실을 발견하고는 나대용을 영입해 거북선 복원을 지시했다.[167]

청년들에게 꿈도, 끼도, 깡도 필요하다. 그러나 강한 읽기가 뒷받침되지 않는다면 그 어느 것도 제대로 작동될 수 없다.

한 달에 90번쯤 밥을 먹고 사는데 책은 몇 권 읽는가. 월평균 국민 독서량이 0.8권이다. 지성의 영양실조가 심각하다.

성인의 연평균 독서량은 이스라엘이 60권, 러시아가 50권, 일본이 40권을 넘어선다. 하지만 우리나라는 10권도 안 된다.

대가들의 책을 읽는다

육체는 매일 양식을 먹고 세포를 생성한다. 지성, 감성, 의지, 영성도 마찬가지다. 영혼의 가장 용이한 양식은 독서다.

정크 푸드는 돈도, 몸도 버리게 한다. 정크 북은 돈도, 정신도 버리게 한다. 정크 북의 위험이 더 크고 치명적이다.

육체와 함께 지성, 감성, 의지, 영성도 가꾸어야 한다. 양질의 밥을 먹고 운동하듯이 대가들의 책을 읽고 생각해야 한다.

읽지 않으면 이끌린다. 읽는 사람(reader)이 이끄는 사람(leader)이다. 읽으면(read) 용감하고(dare) 소중해진다(dear).

책을 읽지 않으면 내가 읽히게 되고 책을 읽으면 남을 읽을 수 있게 된다. 대가들의 책이 나를 깊게, 넓게, 높게 한다.

책을 읽되 대가들의 책을 읽고, 거기서 반드시 메시지를 뽑아내고, 그 메시지가 심장을 관통해 뼛속에 새겨지게 한다.

아이스크림처럼 녹는 책이 있는가 하면 소고기처럼 씹어야 하는 책도 있다. 대가들의 책은 잘근잘근 씹어 읽어야 한다.

나를 그렇게 성장시킨 한 끼의 밥, 한 권의 책, 그리고 한 번의 생각은 없다. 수많은 밥, 책, 생각이 나를 성장시킨다.

이순신은 사기와 자치통감 등을 읽으면서 국방의 중요성을 더욱 절감했다. 독서와 사색이 그를 탁월한 장군으로 만들었다.

산이 높아도 넘는 사람이 있고 책이 두꺼워도 읽는 사람이 있다. 하지만 독자의 수고는 저자의 수고에 미치지 못한다.

말하기는 쉽다. 듣기는 보통이다. 읽기는 어렵다. 글쓰기는 더 어렵다. 책 쓰기는 가장 어렵다. 문자에 능숙해져야 한다.

읽는 것도 어렵다. 하물며 쓰는 것이겠는가. 세상에서 몹시 어려운 것 중의 하나가 글쓰기다. 진물이 나고 골병이 든다.

글쓰기와 책 쓰기는 진액을 말리는 중노동이다. 그러나 글과 책은 돈이나 권력보다 더 오래 머리와 가슴을 장악한다.

이순신의 위대함은 읽기와 쓰기에 있었다. 그는 칼도 들었고 책과 붓도 들었다. 그는 23전 23승과 〈난중일기〉를 남겼다.

최소한에 최대한을 담는다

1인 미디어 시대다. 언론이 따로 없다. 누구나 기자처럼 SNS에 글을 쓸 수 있다. 하지만 글쓰기 훈련이 선행돼야 한다.

소설가처럼 폭죽을 터뜨리듯이 쓰는 글도 있고 기자처럼 한 발씩 저격하듯이 쓰는 글도 있다. 어떤 글을 쓰려고 하는가.

예측 불허의 영감도 있어야 하고 탄탄한 짜임새도 있어야 한다. 영감과 짜임새가 함께해야 독자를 사로잡아 변화시킨다.

건물의 가치가 디자인, 자재, 건축술로 결정된다면 책의 가치는 테마, 콘텐츠, 짜임새로 결정된다. 무엇이 강하고 약한가.

시청자보다는 독자, 독자보다는 저자, 저자보다는 작가, 작가보다는 문장가가 된다. 하지만 가장 먼저 문법가가 돼야 한다.

띄어쓰기, 맞춤법, 문법이 자주 틀리면 싸구려 지성인이라는 느낌을 준다. 탁월한 문장가도 되고 깐깐한 문법가도 된다.

맞춤법이 틀렸다고 해서 실력이 없는 것은 아니다. 하지만 맞춤법이 틀려서 콘텐츠의 수준까지 의심받게 해서는 안 된다.

글쓰기는 자기와의 끝없는 싸움이다. 누가 알아주지 않아도 늘 갈고닦아야 한다. 단어 하나의 선택을 두고도 씨름한다.

평생 글을 쓰겠다면 글쓰기보다 글쓰기 훈련에 더 투자해야 한다. 오탈자, 띄어쓰기, 맞춤법, 문장 구성에 유의한다.

흙덩이 같은 글도, 모래 같은 글도, 밀가루 같은 글도 있다. 글의 콘텐츠도 좋아야 하고 글의 짜임새도 세밀해야 한다.

복잡한 것을 장황하게 말하고 덕지덕지 쓰는 것은 누구나 할 수 있지만 명쾌하게 핵심만 전하는 것은 아무나 할 수 없다.

무미건조할 정도로 간단명료해야 한다. 반복과 중복을 피한다. 최소한에 최대한을 담아내는 미니멀리즘을 추구한다.

글은 곡선이 아니라 직선이다. 글쓰기는 미로 찾기가 아니라 직로 안내다. 독자를 최단의 지름길로 안내하는 글인가.

말미에 결론을 내리는 스토리텔링 방식이나 서두에서부터 결론을 내리는 기사체 방식으로 한 편의 글을 완성할 수 있다.

메시지 공급자가 승자다

글 전체의 내용을 압축해서 제시하는 요지가 맨 처음의 문장과 맨 나중의 문장에 배치되면 메시지 전달이 분명해진다.

형용사나 부사를 많이 써서 주장을 강조하기보다는 확실한 논거의 사례들을 적절히 배치해 누구도 반박할 수 없게 한다.

사랑이니, 정의니, 창조니 하는 단어를 감정적으로 주장하고 강조하기보다는 그런 단어를 지지하는 사례들로 확증시킨다.

혼잡한 교차로에서 교통순경이 빛을 발하듯이 거침없이 폭주하는 글쓰기가 있은 후 드디어 자기 검열이 빛을 발한다.

초고를 다 쓴 후에는 최종 원고를 마감하듯이 촘촘히 손질한다. 외부 검열보다는 자기 검열을 통해 완벽하게 마무리한다.

한 꼭지의 글을 다 썼으면 이제 글이 매끄럽게 전달되는지, 한 문장씩 마음으로 계속 읽으면서 고르기 작업을 해야 한다.

글을 다 쓰고 나서는 글의 전체적인 방향에서 튀어나오거나 어긋나거나 벗어나거나 역류하는 단어나 문장을 다듬는다.

책 쓰기에는 주제의 참신성과 내용의 전문성을 넘어 구성의 일관성과 전달의 효과성은 물론 상업성까지 있어야 한다.

소리는 격동적이지만 사라지고 그림은 남아도 격동적이기는 쉽지 않고 글은 소리와 그림으로 재생되며 격동시킨다.

소리, 그림, 영상을 다루는 능력이 중요하다. 문자를 다루는 능력은 더 중요하다. 문자로 표현되는 상상은 현실이 된다.

칭기즈칸은 바람에 자신을 새겨 태풍처럼 유럽을 휩쓸었고 유럽은 문자에 자신을 새겨 문명으로 세계사를 휩쓸었다.

2,000년이 넘는 유랑의 역사 속에서 유태인들은 5,000쪽이 넘는 탈무드의 문자를 남겼고 세계의 부의 25%를 차지했다.

늘 추방의 위험에 노출됐던 유태인들은 아무도 빼앗을 수 없는 지혜와 지식의 문자를 머릿속에 넣어 어디서든 활용했다.

글이든지, 그림이든지, 영상이든지 콘텐츠를 생산하고 거기에 메시지를 담아내는가. 메시지 공급자가 역사의 승자다.

가장 흔한 실패 이유

옛날에는 피라미드 등 덩치를 더 남기자 했다면 지금은 책 등 콘텐츠를 더 남기고자 한다. 사람은 죽어서 콘텐츠를 남긴다.

유전자 정보도 콘텐츠다. 콘텐츠가 아닌 것이 없다. 만물이 콘텐츠다. 사람이 사람다운 것은 콘텐츠를 생산하기 때문이다.

태초에 콘텐츠가 있었다. 콘텐츠는 글, 소리, 그림, 영상으로 자신을 확장시켜왔다. 콘텐츠를 위해 만물이 봉사한다.

만물은 저마다의 콘텐츠로 짜여 있다. 이제 소프트웨어를 통해 제 목소리를 찾고 있다. 콘텐츠와 소프트웨어로 승부한다.

인문학 콘텐츠가 열풍이다. 본질적인 답을 원하기 때문이다. 하지만 성과적인 측면이 무시되면 인문학의 수렁에 빠진다.

콘텐츠 생산에만 머물면 하수다. 소비자, 생산자, 유통업자를 두루 엮어 상생시키는, 다면의 플랫폼을 가동해야 고수다.

성공하는 사람들은 대체로 동일한 이유 때문에 성공한다. 실패하는 사람들은 제각기 다른 이유 때문에 실패에 이른다.

좋은 기회를 잡으려면 나쁜 기회들을 잡고 있지 않아야 한다. 유연한 준비가 더 나은 기회를 붙잡을 수 있게 한다.

아무것에나 손을 대지 않고 아무하고나 손을 잡지 않는다.

할 수 있다고 해도 다 해서는 안 되며 기회라고 해도 다 잡아서는 안 된다. 안 해도 되는 것을 하다가 망하는 경우가 많다.

가장 흔한 실패 이유는 해야 하는 일들을 하지 않기 때문이라기보다는 하지 말아야 하는 일들을 자주 많이 하기 때문이다.

아무 데나 최선을 다한다면 낭비다. 안 해도 되는 일에 너무 자주 최선을 다한다. 먼저 대상이 바르게 잘 선정돼야 한다.

하지 않아도 될 일은 하지 않고 만나지 않아도 될 사람은 만나지 않고 참석하지 않아도 될 행사는 참석하지 않는다.

아무것에나 손을 대지 않고 아무하고나 손을 잡지 않는다. 꼭 그것이어야 하고 꼭 그 사람이어야 할 이유가 있는가.

꼭 해야 하는 그것을 한다. 할 수 있어도 이것저것 다 건드리지 않는다. 어떤 경우에도 계속해야 하는 핵심을 추구한다.

너무 많아도 질린다

덩치에 치중하면 핵심을 잃게 된다. 큰 것이 위대한 것은 아니다. 핵심 가치를 추구하다가 성장까지 경험할 수 있어야 한다.

브리타 정수기는 정수 필터 하나에 모든 에너지를 쏟는다. 힘이 있다고 해서 힘을 남용하지 않는다. 핵심에 집중한다.

1761년 설립된 파버카스텔은 연필류로 연간 8조 원의 매출을 올린다. 500만 원에 팔리는 명품 연필의 재구매율도 높다.[168]

명화금속은 50년 넘게 나사만 만든다. 자전거용에서 항공기용에 이르기까지 800여 종류의 나사는 세계 최고 수준이다.

최고가 될 수 있는 핵심 하나를 선택하되 그것을 깊게, 넓게, 다양하게, 총체적으로 구축한다. 카테고리 킬러가 된다.

특정 품목만 모아서 파는 카테고리 킬러가 유통의 대세다. ABC마트는 신발, 가방팝은 가방, 햇츠온은 모자에만 집중한다.

창립 후 10년 동안 2,000배의 성장을 기록한 오케이몰은 아웃도어 전반의 10만여 상품을 최저가로 공급한다.

선택지가 너무 많으면 질려서 포기하게 되고 너무 적으면 강요받는 것 같아 반발하게 된다. 적절해야 잡아당긴다.

인앤아웃버거의 메뉴가 4가지뿐이라서 오히려 고객만족이 크다. 너무 많아서 질리게 하는 것보다 명쾌한 핵심이 더 낫다.

고수는 전체를 하나로 꿴다. 바비 브라운 화장품의 바비 브라운 창업주는 모든 인종의 바탕 피부색이 옐로라고 했다.

가수 조용필은 모든 음악이 다 하나라고 했고 변호사 한문철은 모든 교통사고가 다 똑같다고 했다. 고수는 통합적이다.

영감은 밤하늘의 별처럼 쏟아지지 않고 지대한 노력의 밭에서 솟아나 자란다. 노력이 뒤따르지 않고서는 영감도 없다.

우리는 그들더러 천재라고 부르고 그들은 깊이 관찰하고 생각하고 연구했다고 말한다. 천재성은 지대한 노력의 결과다.

큰 종은 쉽게 울리지 않는다

한 사람의 생애에 있어 유전자보다도 그 유전자의 발현을 촉진하거나 억제하는, 후천적인 노력이나 환경이 더 중요하다.

앤더스 에릭슨에 따르면 70%의 노력, 29%의 환경, 1%의 영감으로 천재가 만들어진다. 모차르트도 다작의 노력가였다.[169]

모차르트나 피카소 등 세계적인 거장들의 작품 중에는 형편없는 졸작도 부지기수다. 수많은 시도에서 가끔 명품이 나온다.

다작에서 걸작이 나온다. 볼테르의 편지는 2만 1,000통, 에디슨의 특허는 1,093건, 프로이트의 논문은 330건에 달했다.[170]

에디슨은 백열전구 개발을 위해 9,000번 실험했고 마이크 올드필드는 음반 〈튜블라 벨즈〉를 위해 2,300번 녹음했다.[171]

날개가 없는 선풍기로 유명한 다이슨은 먼지 봉투가 없는 진공 청소기를 만들려고 5,000개가 넘는 시제품을 제작했다.

로뎅은 죽을 때까지 30년 넘게 미완성 작품인 〈지옥의 문〉을 만들고 또 만들고, 고치고 또 고치고, 부수고 또 부수었다.

세잔은 사과를 관찰하고 또 관찰하고 그리고 또 그렸다. 40년 만에 여러 시점과 각도를 초월하는 진짜 사과를 그려냈다.

파브르는 50대 이후 30년간 1,500종이 넘는 곤충들을 관찰하고 또 관찰하는 중노동을 통해 곤충 세계의 진실을 밝혔다.

관찰보다 더 중요한 것이 있다. 인내와 기다림이다. 인내하고 기다리는 관찰자에게 한순간 진실과 진리의 빛이 드러난다.

플레밍의 말이다. "나는 페니실린을 발명하지 않았다. 자연이 만들었다. 나는 유심히 관찰했고 우연히 발견했을 뿐이다."

큰 종은 쉽게 울리지 않고 큰 물고기는 깊은 바다에 있다. 시시하게 수고하면서 큰 성공을 기대한다면 판타지일 뿐이다.

독일의 악극왕, 바그너의 〈니벨룽겐의 반지〉는 26년간에 걸쳐 61세에 만든 역작이다. 파고 또 파면 안 될 것도 없다.

최선이 아니라 완주다

다윈은 진화론을 정립해가면서 1만 4,000통이 넘는 편지를 지인들에게 썼다. 그는 탐구의 대왕이었고 소통의 대가였다.[172]

큰 꿈을 꾸고 작게 노력한다. 이루는 것이 없어 절망한다. 작은 꿈을 꾸고 크게 노력한다. 이루는 것이 있어 꿈이 커진다.

최선을 다했다는 말만으로는 안 된다. 변명, 핑계, 체념, 책임회피일 수도 있다. 끝까지 해냈다는 책임완수여야 한다.

좋아하는 것을 하라고 조언하고, 최선을 다했으면 됐다고 위로한다. 아니다. 싫은 것도 해야 하고, 끝까지 해내야 한다.

박테리아한테서 생존과 번성을 배운다. 해저 11킬로미터에시, 해지 분출구에서, 황산에서, 방사성 물질에서 살아낸다.[173]

깊은 땅속에서 철, 망간, 코발트, 우라늄 등을 먹고 사는 박테리아를 다 꺼내 쌓으면 지표가 1.5킬로미터나 높아진다.[174]

담륜충은 끓는 물, 절대온도 0도, 극도의 건조한 곳에서도 죽지 않고 버틴다. 지난 8천만 년 동안 400종 이상 번식했다.

누구나 계속하는데 나도 한다면 열정이 아니다. 아무나 계속하지 못하는데 나는 한다면 열정이다. 열정에는 끈기도 있다.

오래가지 않는 열정은 이미 열정이 아니다. 뜨거운 만큼 오래가게 돼 있다. 오래갈 수 없다면 한순간의 거품이다.

문전박대를 마다하지 않고 내 일에 집중하다 보면 대박전문의 내일이 반드시 오게 된다. 오늘의 내 일에 내일이 있다.

즐겁게 일하면 좋은 성과를 내고 필사적으로 일하면 위대한 성과를 낸다. 위인은 즐거움을 넘어 일사각오로 일한다.

외롭고 우울하다면 치열하게 살고 있지 않다는 것이다. 치열한 하루하루가 스트레스를 날리게 하고 자신감을 쌓게 한다.

자신감이 낮은 사람은 겸손히 더 노력하기에 더 유능해지고 그래서 자신감도 커진다. 자신감이 과도한 사람은 정반대다.

인생은 레미콘과 같다

못생기고 실력도 모자라니 무조건 웃고 성실하기라도 해야 한다고 조언한다면 차별적이어서 기분이 나쁘겠지만 사실이다.

착하든지, 똑똑하든지, 성실하든지, 끈질기든지, 겸손하든지 해야 한다. 그렇지도 않으면서 교만하기까지 한 사람도 있다.

시간의 흐름이 모든 인생을 죽음의 벼랑으로 내몬다. 급하고 중요한 일은 1초도 낭비하지 않고 열심히 사는 것이다.

인생은 레미콘과 같다. 계속 젓지 않고 가만히 있으면 굳는다. 머리를 저어 고뇌해야 하고 손을 저어 수고해야 한다.

남의 손을 오래 붙잡아주려면 내 손에 힘이 있어야 한다. 남을 돕는 순간에도 자신을 위한 투자에 힘써야 한다.

경쟁은 어렵다. 실력이 있어야 경쟁할 수 있다. 협력도 어렵다. 실력이 있어야 협력할 수 있다. 경쟁도, 협력도 실력이다.

한두 번은 특별한 스토리가 스펙을 이길 수 있다. 그러나 매번 이길 수는 없다. 단단한 스펙이 밑바탕에 깔려야 한다.

스펙을 쌓는 것이 다 낭비인 것은 아니다. 지나간 스펙을 쌓는 것이 낭비다. 다가오는 스펙이라면 미리 쌓아야 한다.

성실함도 언젠가는 끝나고 사랑함도 어느 날엔가는 끝난다. 그렇기에 매일 더 성실하려고 하고 더 사랑하려고 한다.

비위를 맞추고 등을 다독이는 것이 아니라 높은 기준을 정하고 강하게 훈련시키는 것이 선수들의 사기를 진작시킨다.

친목회 같은 분위기, 지나친 배려, 평등한 대우는 이기적인 불평분자를 양산하며 선수들의 기강과 단결력을 무너뜨린다.

입에 사탕을 물리는 사람인가, 등을 토닥이는 사람인가, 심장을 흔드는 사람인가. 사탕발림인가, 힐링인가, 저격수인가.

깊이의 힘이 심금을 울린다

사고력, 심력, 체력을 적정한 수준에 맞추어 재정리하고 재정돈시키는 것, 이것이 힐링이고 멘토링이고 트레이닝이다.

새로운 차원의 깨달음은 변화 중의 변화다. 값싼 위로를 넘어 빛나는 지성을 촉구한다. 지성의 각성은 더 큰 힐링이다.

과거의 상처를 해결하는 힐링을 넘어 미래의 방향을 결정하는 멘토링도 받는다. 힐링은 멘토링을 전제하는 것이다.

멘토는 멘티의 눈높이에 맞추기만 해서는 안 된다. 자신의 눈높이를 그대로 유지해 멘티가 발돋움하게도 해야 한다.

나의 눈높이를 상대의 발 높이에 맞추는 것만이 배려는 아니다. 시선과 호흡과 걸음을 함께 맞추는 것은 더 큰 배려다.

참된 리더십은 추종자들을 치유하고 성장시키지만 거짓된 리더십은 추종자들을 갈취하고 착취한다. 나는 어떤 리더인가.

시간이 흐를수록 뭔가 착취당하는 불안감을 느끼게 한다면 가짜 리더이고 뭔가 성장하는 자긍심을 준다면 진짜 리더다.

개그 같은 잔재미로는 심금을 울리지 못한다. 인간의 본질을 다루는 깊이의 힘만이 심금을 울리며 변화를 촉발시킨다.

장맛비는 도로를 휩쓸지라도 해가 나면 금세 사라진다. 깊은 샘은 해가 날수록 그 존재감이 빛난다. 깊이를 추구하는가.

숨차게 꼭대기를 올라 스타가 되지만 한순간에 추락하기도 한다. 그러나 대가의 길을 걸으면 꼭대기 그 자체가 된다.

비바람을 견디는 나무만이 햇빛을 즐기며 성장할 수 있다. 비난과 고난을 견디는 사람만이 대가의 길을 갈 수 있다.

시련과 고독이 위대함과 평범함을 가른다. 위대한 사람은 시련을 통해 오히려 더 도약하고 고독을 통해 더 성장한다.

뱀이 코끼리를 삼킨다

변화의 파도가 점점 더 거세진다. 파도 위에는 위협도 있고 기회도 있다. 서퍼만이 위협을 피하고 기회를 탈 수 있다.

위기에는 큰 위협과 작은 기회가 들어 있다. 사전에 위기를 예상해 위협을 줄이고 기회를 키우는 준비를 해야 한다.

위기 앞에서는 누구나 두려움에 휘둘리게 마련이다. 직접 두려움에 맞서 강인함을 쌓는 훈련 외에는 딴 방도가 없다.

전체 그림을 보려면 돌발 상황에도 평정심을 유지해야 하고 그러려면 사전에 미리 세부 사항을 다 익혀두어야 한다.

뒤처지면 따라잡으려고 초조하고, 앞서면 따라잡힐 것 같아 초조하다. 자신에게 집중하는 평정심이 천하무적이게 한다.

사람들은 다 고집스럽다. 점만도 못하면서 얼마나 잘난 체하는가. 점도 모른다는 겸손이 지혜와 지식을 끌어당긴다.

기발한 비법, 순간의 한 방, 강한 카리스마가 아니라 꾸준한 노력, 핵심에의 집중, 겸손한 배움이 위대함을 만든다.

평균적인 사람이라도 강한 커뮤니티에 소속돼 강한 콘텐츠를 섭취하고 강한 훈련을 받게 되면 강한 사람으로 거듭난다.

한국인의 평균 IQ는 106, 유태인은 94다. 그런데 유태인 노벨상 수상자는 190명, IVY 리그 진학률은 20%를 넘어섰다.

뱀이 코끼리를 삼킬 수 있다. 스페인 정복자, 프란시스코 피사로는 168명의 병력으로 500만 명의 잉카 제국을 삼켰다.

악인들은 지치지 않고 포기하지 않는다. 강하고 교활하다. 선인들은 더 강인하고 지혜로워서 악인들을 이겨야 한다.

인생은 예상대로 되지 않는다. 상황이 급변하고 문제가 속출한다. 경쟁자는 교활하다. 그런데 나는 순진하기만 한가.

착하기만 해서는 안 된다

경쟁자들이 수많은 눈동자를 굴리며 나의 장단점과 동선을 파악하고 있는데 나는 그들에 대해 아무것도 모르지 않는가.

속이고 빼앗는 사냥꾼들이 곳곳에 널려 있다. 당하지 말고 빼앗기지 말아야 한다. 착하다는 것이 나를 지켜주지 않는다.

캐롤라이나 쇠앵무새들은 동료가 총살되면 흩어졌다가 되돌아와 보살폈다. 그런 착한 동료애 때문에 다 잡혀 멸종됐다.[175]

우리의 돈과 성과 목숨을 노리는 사냥꾼들이 늘 있다. 성과를 내는 창조경영과 함께 성과를 지키는 전략경영이 요구된다.

단지 옳기만 해서는 안 된다. 옳아도 아무 효과가 없을 수 있다. 옳으면서 효과까지 낼 수 있는 전략이 있어야 한다.

착하게 살라는 당부 외에는 자녀교육의 전략이 없는 부모가 많다. 착하고 강하고 슬기롭게 악을 이기게 해야 한다.

유괴 실험을 해보면 아이들이 무방비로 유괴된다. 간혹 유괴되지 않는 아이들은 부모들의 전략적인 교육이 있었다.

꿈을 꾸어라. 성취한다는 보장은 없다. 노력하라. 성취하는 것이 있을 것이다. 전략으로 싸우라. 더 많이 성취할 것이다.

전력으로 이길 수도 있고 전략으로 이길 수도 있다. 하수는 힘으로 밀어붙이고 고수는 꾀를 써서 안 싸우고 이긴다.

태국은 강대국들을 설득해 완충국가가 됨으로써 식민통치를 피했고 베트남은 큰 전쟁을 벌여 식민통치에서 벗어났다.

전력에는 전략으로 맞서고 전략에는 전력으로 맞선다. 상대적인 비교우위가 아니라 상대에게는 없는 절대우위로 싸운다.

굳이 마키아벨리의 표현을 빌리지 않더라도 톱리더는 사자의 질주하는 추진력과 여우의 살피는 지략을 가져야 한다.

너는 전략으로 싸우라

강자 앞에서 지레 포기할 이유가 없다. 강자라도 약점이 있게 마련이다. 강점에 의존하는 것 자체가 약점일 수 있다.[176]

전적으로 약한 사람도 없고 전적으로 강한 사람도 없다. 천하무적이라도 약점은 있다. 경쟁자의 약점을 찾고 대응한다.

내가 약할지라도 시간을 벌면서 강점을 강화하고 경쟁자가 강할지라도 약점을 찾아내 공략하면 생존하고 승리할 수 있다.

약자일지라도 큰 목표를 제시하며 강하게 요구하면 사람들은 그런 자신감에 분명한 근거가 있다고 믿고 지지를 보낸다.

전력이 우세하면 대체로 이긴다. 전략이 우세하면 약자라도 이긴다. 그러나 정보가 허술하면 다 허탕이 되고 만다.

전략이 우세하면 약자라도 이긴다.

정보의 확보는 힘이다. 정보의 확충은 더 큰 힘이다. 정보의 활용은 가장 큰 힘이다. 정보의 보안은 생명 그 자체다.[177]

정보 하나로 세상을 얻기도 하고 잃기도 한다. 정보를 소중히 하면 흥한다. 정보를 소홀히 하는 사람을 멀리한다.

개방하고 공유하는 세상이다. 그러나 핵심 정보마저 그렇게 하는 것은 자멸이다. 숨기고 감추어야 하는 것도 있다.

순진한 사람은 큰 뜻을 정직하게 드러내지만 전략적인 사람은 큰 뜻을 가슴에 숨기고 세력을 모아 차근차근 실현한다.

한 번에 많이 취하면 스스로 소화하기도 어렵고 남들의 경계심도 커진다. 야심을 숨기고 야금야금 단계적으로 취한다.

이념적이기보다는 전략적이어야 한다. 이념을 선택하면 적이 분명하게 드러나지만 전략적이면 적과도 협력할 수 있다.

아기 모세를 갈대 상자에 넣었던 요게벳, 그리고 노르망디 상륙작전을 벌였던 연합군 수뇌부는 기만술의 대가들이었다.

정면보다 배후를 친다

경쟁자를 이기려면 나에 대한 인식을 교란시켜야 한다. 내가 강하면 약하다고 인식시키고 약하면 강하다고 인식시킨다.[178]

사람들은 누구나 다 고집스럽다. 대놓고 바꾸려고 하면 반발한다. 고분고분 순응하면서 미묘하게 조종하면 이끌린다.

개인적인 감정을 직접 표출하는 것은 적에게 무기고를 개방하는 것과 똑같다. 질투, 불만, 분노, 공포, 적의를 감춘다.

잘 알지도 못하면서 덤비거나 핏대를 올리거나 실의에 빠진다. 감정적으로 대응하는 약자는 전략적인 강자의 밥일 뿐이다.

강자의 위협에 감정적으로 대응하다가는 자멸이다. 차분히 준비하며 실력을 쌓다가 예측 불허의 반격을 가해야 한다.

성공하면 무리하게 확장하려고 하고 실패하면 쉽게 압도당한다. 감정을 통제하고 상황을 객관적으로 볼 수 있어야 한다.

사람이나 사건을 선악의 관점에서 감정적으로 본다면 유치하고 위험하다. 객관적인 관점에서 전략적으로 보아야 한다.

정면대결을 하면 이겨도 피해가 크다. 더 나은 전략으로 싸우면 약한 전력으로도 이길 수 있고 피해도 줄일 수 있다.

정면은 대체로 강하고 견고하다. 약자가 정면으로 승부하면 진다. 취약한 측면이나 허술한 배후를 기습해야 한다.
정면보다 배후를 건드리는 것, 직접적인 것보다 우회적인 것, 노골적인 것보다 교묘한 것이 더 깊은 충격을 준다.[179]

꼭 그래야 하는 것은 아니다. 다양하게 다른 방법이 있을 수 있다. 앞으로 돌파도, 옆으로 우회도, 뒤로 후퇴도 가능하다.

칭기즈칸의 군대는 수천 킬로미터를 직진하고 우회하면서 더 현명해지고 강해졌다. 유연한 기동성이 현명하고 강하게 한다.

원칙과 변칙을 섞는다

약자가 강자와 맞붙으면 자멸이다. 후퇴, 잠복, 출몰, 도발, 기습으로 상대방을 화나고 조급하게, 지치고 허탈하게 한다.[180]

모기는 어둠 속에 잠복해 있다가 불시에 윙윙대며 나타나 공격한다. 모기처럼 유연성과 기동성이 있으면 강자를 이긴다.

폭풍 전야는 조용하고 평화롭다. 그러다가 갑자기 비바람과 번개가 휘몰아친다. 신중히 준비해서 폭풍처럼 급습한다.

평범과 비범, 원칙과 예외, 상식과 비상식, 전통과 비전통, 정규전과 비정규전, 진지전과 기동전을 섞는 것이 혁신이다.[181]

원칙과 정도만 고집하지 않는다. 변칙과 외도도 섞는다. 해군보다는 해적이, 모범생보다는 해커가 더 힘을 얻는 시대다.

몰입이 성과를 내게 한다. 그러나 대안이 없는 몰입은 완패를 초래할 수도 있다. 대안이 다양할수록 승률이 커진다.

물줄기를 막으려고만 하면 어느 순간 강한 압력으로 둑이 무너진다. 위의 물줄기를 나에게 유리한 방향으로 돌려놓는다.

완벽한 의존은 완벽한 배신을 초래할 수도 있다. 달걀을 한 바구니에 다 담지 않고 여러 바구니에 나누어 담는다.

절대 시간도, 절대 공간도, 절대 인간도 없다. 다 상대적으로 바뀐다. 그렇기에 전략도 늘 상대적으로 바뀌어야 한다.

재빠른 2인자로서 격차를 따라잡기도 하고 전혀 다른 선도자로서 완전히 따돌리기도 한다. 대전략가는 둘을 섞어 쓴다.

스키피오는 로마를 휩쓸던 한니발 대신에 카르타고를 직접 공격했다. 현상의 겉모습이 아니라 뿌리를 깊게 보아야 한다.

베트남은 전투에서 지고 전쟁에서 미국을 이겼다. 미국의 반전 여론까지 활용하는 등 현상을 넘어 깊고 넓게 보았다.

겨울의 농한기도 필요하다

세상은 정글이기도 하기에 전략이 있어야 한다. 전투에서 지고 전쟁에서 이기는, 그랜드 디자인의 대전략도 필요하다.

아무나 톱리더가 될 수 없다. 톱리더는 각각의 부분 해법에 정통하면서 전체 해법도 관통하는 대전략가여야 한다.[182]

'왕'의 한자어를 풀이하자면 왕은 위의 하늘, 아래의 땅, 가운데의 사람에 정통하면서 그 셋을 하나로 관통한다.

전투에서 져도 전쟁에서 이겨야 하고 더 나아가 정치에서도 이겨야 한다. 대전략가도 종종 정치의 희생양이 되곤 한다.

이겼지만 얻은 것도 없이 많은 자원만 잃고 상대방의 적개심과 복수심을 불타게 했을 수도 있다. 이기고 얻어야 한다.

승리의 이익에 눈이 멀면 도박을 벌이게 되고 점점 불어나는 피해를 만회하려고 애쓰다가 더 큰 피해를 당하게 된다.

승리의 전망에 현혹돼 덤비다가 패배의 길에 빠졌다면 총공세로 돌파하든지, 지금까지의 손실을 잊고 과감히 후퇴한다.

아무것도 하지 않고 겨울의 농한기를 가질 필요도 있다. 호기를 기다리며 심신을 정비하고 정체성을 더욱 강화한다.[183]

마키아벨리는 출옥 후 칩거하면서 《군주론》을 써 후대의 리더들의 심금을 울렸다. 최악의 때에 최선의 일을 하게 된다.

추사 김정희는 정적의 모함으로 아버지를 잃고 제주도에서 유배생활을 하던 중 아내마저 잃었지만 〈세한도〉를 창작했다.

종결을 위한 종결이 아니라 그다음 단계에 긍정적인 영향을 줄 수 있는 종결이어야 한다. End가 아니라 And여야 한다.[184]

승리에도 어둠이 있고 패배에도 빛이 있다. 완승도, 완패도 없다. 그다음 단계를 생각하며 승패를 마무리해야 한다.

chapter

성찰과 인생

제품이나 서비스를 파는 것이 아니라 나의 삶을 팔아야 한다. 이런 삶도 있다는 것을 고객에게 보여줄 수 있어야 한다. 나다운 삶이 최고의 창조다. 나답게 살지 않으려면 왜 태어났는가. 나 자신에 대한 인식의 깊이, 사랑과 같은 본질에 대한 추구, 남다른 엉뚱함의 시도가 나다운 길을 걷게 한다. 나이가 들면서 베푸는 법도 배워야 한다. 손을 쥐고 태어나 펴고 죽는 게 인생이다.

성공에는 행운도 있다

아무나 위대한 성공을 만들지는 못한다. 죽도록 진액을 쏟는 노력이 있어야 하고 우연히 붙잡히는 기회가 있어야 한다.

구글의 창업주, 세르게이 브린에 따르면 구글의 가장 큰 성공 요인은 행운이었다. 그러나 준비해서 붙잡은 행운이었다.

운이 와도 모르는 사람도 있고 운을 붙잡아 크게 활용하는 사람도 있다. 준비된 역량의 크기가 운의 크기를 좌우한다.

맨손으로는 닭도 잡기 어렵다. 엽총으로는 호랑이도 잡을 수 있다. 나의 준비와 역량에 따라 기회의 크기가 달라진다.

긴 시간의 흐름으로 보면 행운과 불운의 확률은 엇비슷하다. 오래 버티며 역량을 기르면 운을 만나고 붙잡을 수 있다.

기회는 해변의 파도처럼 언젠가 다시 온다. 기회를 놓쳤어도 포기하지 않고 준비하고 기다리다 보면 또 잡게 된다.

모든 개인적인 성공은 다 행운의 결과다. 개인의 역량이 발휘되기 전에 이미 세상과 인간이 존재하고 있었기 때문이다.

큰 성공에는 큰 노력이 있었다. 그러나 큰 행운도 있었다는 사실을 망각하면 반드시 자만과 몰락에 빠지게 될 것이다.

성공에는 상황적인 행운도 크게 작용한다. 내적인 능력만을 성공 요인으로 과신해서는 안 된다. 항상 겸손해야 한다.

전통 화풍이 우대되던 바르셀로나에서 피카소는 두각을 나타내지 못했지만 신식 화풍이 우대되던 파리에서는 거장이 됐다.

빌 게이츠의 성공에는 엄청난 노력이 있었다. 하지만 운도 좋았다. 미국의 좋은 부모한테서 태어나 좋은 때에 창업했다.

자질과 역량은 중요하다. 때와 장소는 더 중요하다. 1970년대의 미국에서 창업하지 않았다면 오늘의 빌 게이츠는 없었다.

생명 자체가 행운이다

장소가 운명이다. 비옥한 땅에 떨어진 비는 곧 증발돼 하늘로 올라가고 지하수로 흘러간 비는 수백 년간 갇히기도 한다.

빅뱅 직후 생성량이 같은 물질과 반물질 사이에 격전이 있었는데 물질이 살아남아 이후 우주의 모든 물체를 만들어냈다.

중력이 지금보다 약했다면 우주가 너무 빨리 팽창해 꽁꽁 얼어붙었을 것이며 지구에 생명체가 살 수 없었을 것이다.[185]

태양계가 은하의 중심에서 지금보다 더 가까웠다면 지구가 치명적인 복사에 노출돼 생명체를 키울 수 없었을 것이다.[186]

태양과 지구 사이의 거리가 더 짧거나 길었더라면 지구에 생명체는 없었다.

핵력이 지금보다 강했거나 약했다면 태양이 너무 빨리 타거나 늦게 타서 지구에 생명체가 존재할 수 없었을 것이다.[187]

태양이 너무 커서 빠르게 다 타버렸더라면, 태양과 지구 사이의 거리가 더 짧거나 길었더라면 지구에 생명체는 없었다.[188]

지구에서 멀지 않은 거리에 큰 목성이 있어서 수많은 소행성과 운석을 잡아당기지 않았더라면 지구는 파괴되고 말았다.

지구의 자전 속도가 지금보다 더 느렸다면 지나치게 덥거나 추운 낮 밤의 반복으로 생명체가 살기 어려웠을 것이다.[189]

적절한 크기의 달이 지구를 돌면서 지구를 잡아주지 않았더라면 지구는 비틀거리며 자전과 공전을 제대로 할 수 없었다.[190]

지구 핵에서 생성되는 자기장의 보호막이 없었더라면 태양 폭풍과 우주 방사선의 피폭으로 생명체는 다 사라졌을 것이다.

빗물 속의 탄소를 해양생물들이 흡수해 석회석으로 바꾼다. 해양 석회석에 갇힌 탄소량은 하늘에서보다 2만 배나 많다.[191]

얼음의 부피가 물보다 작았더라면 강이나 바다는 바닥부터 얼음으로 차올랐을 것이고 물의 열기도 유지될 수 없었다.[192]

자연 앞에 아기일 뿐이다

거대한 운석의 충돌 때문이든지, 화산의 대폭발 때문이든지 여하튼 공룡이 멸종했기에 이후 인류가 나타나 살 수 있었다.

아미노산이 제대로 배열돼 단백질을 만들 확률은 제로 수준이다. 하지만 단백질이 만들어졌고 생명체도 탄생됐다.

우주와 자연의 차원으로 우리의 스케일이 확장돼야 한다. 정말로 위대한 것이 무엇인지 알고 누릴 수 있어야 한다.

우주, 자연, 인류의 역사와 규모를 알고 누리는 것이 위대한 기업을 세워 최고급 복지와 교육을 제공하는 것보다 낫다.

우주와 자연의 관점에서 보자면 위대한 기업 하나는 우리 몸속에 있는 10경 마리의 박테리아 중에서 1마리와도 같다.

138억 년의 우주 역사를 1년으로 치면 인류 역사는 1초에 불과하다. 자연 앞에 인간은 오만을 버리고 겸손해야 한다.

45억 년의 지구 역사에서 수백억 종의 생물이 살아왔을 것이고 그중에서 99.99%는 멸종돼왔다. 생존은 기적이다.[193]

30억 년이 넘는 생명체의 역사에서 호모사피엔스의 문명은 갓 수만 년을 지났다. 우주와 자연 앞에서 아기일 뿐이다.

6,500만 년 전 5번째의 대멸종 때, 생물 종의 75%가 사라졌다. 이제 6번째에 직면해 있다. 이미 800종이 멸종 상태다.

6,500만 년 전 운석의 충돌로 공룡이 멸종됐다고 한다. 순식간에 운석들이 난입하는 포격장처럼 지구는 늘 위험하다.

운석 충돌, 기후 격변, 로봇 지배 등 미래의 난제 앞에서 이제 좌·우파, 지역, 민족을 넘어 인류의 멸종에 대비해야 한다.

기후변화의 아버지로 불리는 제임스 핸슨에 따르면 온실가스 배출량을 획기적으로 감축하지 않고서는 지구의 미래가 없다.

기상이변은 살상무기다

대기 중의 이산화탄소 농도가 400ppm에 달했고 20년쯤 후 450ppm의 한계선을 돌파할 것이다. 얼음이 다 소멸 중이다.

지구 온난화로 지구의 기온이 최고 6도 더 오른다. 2억 5,000만 년 전 기온이 6도 더 오르자 생물 종의 95%가 사라졌었다.

기후학자 제임스 러브록에 따르면 그 어떤 노력에도 지구 온도가 최고 6도 더 올라 인구는 10억 명으로 격감하게 된다.[194]

제임스 러브록에 따르면 2040년쯤 사하라 사막이 중부 유럽까지 확산돼 파리와 베를린도 사막으로 변하게 될 전망이다.

1억 5,000만 명이 해수면보다 1미터 높은 저지대에 산다. 지구 온난화에 따라 1억 명의 기후 난민이 생길 것으로 보인다.

지구 온난화로 많은 동식물이 더 높은 고도와 위도로 밀려나고 있다. 더 이상 옮겨갈 곳이 없어지면 멸종될 것이다.[195]

지구 온난화에 따른 기온 상승으로 해충의 공격이 동시다발로 일어나게 되고 양서류의 3분의 1이 멸종 위기에 처한다.[196]

지구 온난화에 따라 1억 명의 기후 난민이 생길 것으로 보인다.

지구 온난화로 북극의 빙하가 녹으면서 북극의 자원 개발과 군사적인 활용을 둘러싼 열강의 각축이 치열할 전망이다.[197]

러시아의 북극 자원개발이 본격화하면 강원도의 속초항이나 강릉항이 아시아와 유럽의 경유지로 부상할 수도 있다.[198]

한파와 가뭄 등 기상이변이 매년 800건 이상 터진다. 기상이변은 대량 살상무기다. 장차 경제위기의 주범이 될 것이다.

기후변화로 2020년 한반도의 폭염일수가 30일을 넘으면 1만 명이 사망하고 전력대란이 일어나며 범죄율도 급증한다.

김용 세계은행 총재에 따르면 지구 온난화로 인한 물 부족과 식량 부족으로 10년 안에 전쟁이 발생할 가능성이 있다.

기온이 1도 오르면 쌀 생산량이 10% 줄고 품질도 30% 떨어진다. 2030년부터 가뭄에 따른 식량위기가 본격화할 전망이다.

인간이 만물의 적이다

폭염과 폭우와 폭설, 가뭄과 한파 등 기후변화로 식자재 가격이 급등하는 등 2경 6,770조 원의 손실이 초래될 전망이다.

탄소와의 세계 대전에 모든 국가와 국민이 동참해야 한다. 특히 거대 기업들의 탐욕이 통제되지 않으면 인류의 후대는 없다.

유럽은 물론 이제 미국과 중국도 온실가스 감축에 적극적이다. 저탄소 경제가 되면 건강 효과와 일자리 효과도 생긴다.

GDP 성장을 최우선으로 하던 중국마저도 이제 GDP보다 환경 개선을 더 앞세운다. 환경 문제는 국가와 이념을 초월한다.

자연과 우주를 공부할수록 인간이 중심이 아니라는 것을 절감하게 된다. 인간은 자연과 우주의 지극히 겸허한 일원일 뿐이다.

지구에서는 땅과 하늘과 별들이 보이지만 우주에서는 하늘과 별들만 보인다. 더 큰 공동체에서 나를 볼 수도 있어야 한다.

더 큰 공동체에 공헌하는 삶을 살려면 나 자신이 사회와 세계, 자연과 우주의 일원일 뿐이라는 자기 인식이 전제돼야 한다.

생명이 아닌 것은 무존재뿐이다. 양자론에 따르면 존재하는 유는 생물이든 무생물이든 다 생명이다. 생명은 다 귀하다.

인간끼리의 평화와 공존은 물론 모든 생명체끼리의 평화와 공존이 이제 유일한 이데올로기인 생명 시대로 진입하고 있다.

동식물도 공존과 평화의 동반자다. 동식물에 대한 남획과 착취를 줄여야 한다. 육식도 줄이고 모피 제품도 없애야 한다.

우주의 비밀을 캐낼 정도로 명민한 인간이 아무런 피해도 주지 않는 동물들을 아무런 이유도 없이 수없이 멸종시켰다.

늑대 등이 지상에서 사라졌듯이 대구 등이 바다에서 사라지는 중이다. 인간의 탐욕 탓이다. 인간은 최악의 살생자다.

인간은 서로 잔학할 뿐만 아니라 모든 생명체에 대해 그렇다. 인간은 뛰어나지만 옳지는 않다. 인간은 만물의 적이다.

덩치와 수치는 잊어라

1994년 르완다의 후투족은 르완다 인구의 10%에 달하는 80만 명의 투치족을 살륙했다. 인간만큼 잔인한 동물은 없다.

1억 6,000만 년간 세상을 지배했던 공룡의 멸종을 아쉬워하기보다는 수십만 년을 갓 넘긴 인류 자신을 걱정해야 한다.

하늘과 자연은 우리의 필요에 응답한다. 하지만 우리의 탐욕에는 응답하지 않는다. 탐욕은 죄악이고 착취이고 독재다.

1킬로그램의 육류를 생산하려면 30킬로그램의 사료용 농작물이 필요하다. 육류가 아니라 농작물 생산에 전념해야 한다.[199]

빛은 에너지 알갱이이지만 질량이 없다고 한다. 귀한 것일수록 무게가 없다. 무거운 덩치가 아니라 고상한 가치여야 한다.

덩치와 수치가 어제의 해법이었다면 가치와 이치는 오늘의 해법이다. 무거운 것이 고상한 것에 자리를 내어주는 시대다.

크기와 숫자로 모든 것을 서열화하는 관행을 전복시키는 흐름이 나타나고 있다. 삶의 의미와 행복을 추구하는 흐름이다.

연봉이니, 평수니, 배기량이니, 판매량이니 하면서 숫자로 서열을 매기는 사람은 반드시 숫자의 반역을 당하게 될 것이다.

수치의 기준 앞에서는 사람이 한낱 고깃덩어리다. 저울에 달린 쇠고기처럼 사람도 시장경제의 저울에 달려 수치로 바뀐다.

다들 배부른 돼지가 되고 싶어 덩치와 수치 앞에 줄을 서면서도 배고픈 소크라테스처럼 역사에 남고 싶은 딜레마에 빠진다.

교황 레오 10세는 베드로 성당을 완공해 명성을 날리고자 면죄부를 팔아 기금을 만들었다. 덩치 추구의 끝은 파멸이다.

더 많은 공간을 확보하려는 사람은 정복자가 되고 더 많은 시간을 확보하려는 사람은 사상가가 된다. 나는 어떠한가.

인생은 인식의 확장이다

인생에서 공간과 시간은 상충 관계다. 인생을 보장받으려고 더 많은 공간을 확보할수록 쓸 시간은 모자랄 수밖에 없다.

땅, 집, 건물을 확보하기 위해 많은 시간을 쓰고 나니 남은 시간이 별로 없다. 인생은 공간 소유가 아니라 시간 향유다.

인생은 소유의 확장이라기보다는 인식의 확장이다. 소유의 확장에 인생을 소진하다 보니 인식의 확장에 쓸 인생이 없다.

영원하고 위대한 것에 다시 초점을 맞추면 자잘하고 무질서한 것들의 뒤엉킴이 풀어지고 인생의 질서가 잡히게 된다.

하나님은 눈에 안 보이는 하나님 자신과 영원과 가치를 찾게 하셨고 인간은 눈에 보이는 우상과 순간과 덩치를 찾는다.

하나님은 바람이다. 신학은 바람을 잡아 사람에게 보여주려고 하지만 바람은 느끼고 인식할 뿐이지 잡을 수는 없다.

누가 하나님과 우주에 관한 지식을 독차지하는가. 미지의 암흑 물질과 암흑 에너지가 우주의 23%와 73%를 차지한다.

귀신을 쫓아내고 질병을 치유하고 기적을 행하는 것보다 더 중요한 것이 있다. 하나님 자신에 대한 인식의 확장이다.

개신교 목회자들의 야망은 전도공세를 앞세운 교회성장이었다. 이제 신앙의 1순위는 하나님에 대한 인식의 확장이다.

1650년 독실했던 제임스 어서 주교는 성경 연대기에 근거해 B.C. 4004년 지구가 탄생했다는 엉터리 계산을 내놓았다.

교회는 하나님을 편들어 갈릴레이를 재판했으나 하나님은 그를 편드신 것 같다. 다윈에 대해서도 마찬가지인 것 같다.

진화론의 다윈, 유전법칙의 멘델, 팽창우주론의 르메트르는 다 신학도 출신이었다. 신학과 과학은 서로 원수가 아니다.

덜 사회적이어서 문제다

우리나라의 개신교 교회는 덜 열정적이라기보다는 덜 지성적이어서 문제다. 성령의 지혜와 지식이 더 강조돼야 한다.

책도 읽지 않고 생각도 하지 않고 기도만 하는 것은 미신이다. 강한 읽기와 깊은 생각이 간절한 기도를 이끌어야 한다.

신앙인들은 대충 생각하고 믿기에 퇴보하고 비신앙인들은 믿을 게 자신들밖에 없어 치열하게 생각하기에 진보한다.

우리나라의 개신교 교회는 덜 영적이라기보다는 덜 사회적이어서 문제다. 교회 밖의 사회와 더 친화적이어야 한다.

우리나라 개신교 교회의 지난 100년은 사회와의 구별을 외쳤다. 새로운 100년은 사회와의 연결을 강화해야 한다.

첨단과학의 발전, 스마트 기기를 활용한 정보 입수, SNS를 통한 소통 증대로 교회에 대한 의존도가 점점 낮아진다.

우리나라의 개신교 교회는 덜 복음적이라기보다는 덜 창조적이어서 문제다. 하나님의 창조성이 더 강조돼야 한다.

일반인의 인식 수준이 점점 높아지고 있다. 신앙인이 계속 각성하지 않으면 버림받고 도태하는 교회가 되고 말 것이다.

깊이 생각하면 에너지 소모가 심해지기 때문에 게으르고 피상적인 생각에서 멈춘다. 그래서 사기꾼들의 밥이 되곤 한다.

크고 복잡한 문제 앞에서도 지성을 잃지 않는다. 잘게 쪼개어 쉬운 것부터 풀면 탄력이 붙고 어려운 것도 풀게 된다.

지성의 냉철함이 뒷받침되지 않는 감성의 뜨거움은 단지 충동으로 끝날 수도 있다. 감성은 지성과 더불어 가야 한다.

육체의 자본은 꽃처럼 봄에 잠깐이고 감성의 자본은 잎처럼 겨울을 넘기지 못하고 지성의 자본은 몸통처럼 오래간다.

부자들이 명품에 이어 고급 지식도 마구 사들인다. 초고가의 인문학 강좌가 인기다. 지성을 넘어 영성까지 살 태세다.

고객각성이어야 한다

권력보다 재력이 더 오래가고 재력보다 지력이 더 오래간다. 사람의 두뇌에 깊이 각인되는 인식은 천 년을 넘어간다.

돈이 전부인 것은 아니다. 모든 게 돈으로 환산돼야 하는 것도 아니다. 공부해서 똑똑해지는 것 자체가 좋은 목적이다.

20C 들어 대다수 소비재에 납이 들어갔다. 치약 튜브, 통조림 캔, 물탱크, 휘발유에 치명적인 납을 썼다. 무식은 범죄다.[200]

40만 종의 딱정벌레를 비롯해 1억 종의 곤충이 세상에 있다고 한다. 우리가 똑똑한 것 같아도 모르는 게 너무 많다.[201]

바다의 수심 600미터 이하에서는 어떤 생물도 못 산다는 주장이 있었다. 하지만 3킬로미터 이하에도 조개 등이 산다.

벌목하는 데 6시간이 주어진다면 도끼를 고르는 데 4시간을 쓰겠다는 링컨의 말처럼 사람을 고르는 일이 늘 우선이다.

삼성그룹의 이병철 창업주도, 이건희 회장도 사람을 보고 뽑고 키우고 쓰고 평가하는 일이 사업보다 더 어렵다고 했다.

늑대 등 갯과 동물들은 수직적, 조직적이다. 표범 등 고양잇과 동물들은 수평적, 자율적이다. 어떤 구성원이어야 하는가.

대체로 개를 좋아하는 사람은 사교적이고 규범적인 데 반해 고양이를 좋아하는 사람은 내성적이고 열린 사고를 갖는다.

조직을 세우는 사람은 따로 있다. 훈수하는 사람, 돕겠다는 사람, 배우겠다는 사람은 아니다. 참여하는 파트너여야 한다.

소수의 인재에게 크게 의존하면 그들이 혹사되든지, 그들에 의해 조직이 좌우되든지 한다. 업무는 두루 공유돼야 한다.

고객만족이 능사는 아니다. 무례하고 탐욕스러운 고객까지 만족시킬 필요는 없다. 고객을 각성시킬 수도 있어야 한다.

시험을 거쳐야 사랑이다

일반고객, 충성고객, 핵심고객을 구별하는 것이 고객중심의 시작이다. 일률적인 친절이 아니라 차별적인 대우여야 한다.

사람은 믿어주지 않으면 떠나고 만다. 한 번 사귀면 헤어지지 말아야 하고 부득이 헤어지더라도 적이 되지 말아야 한다.

너무 억울해서 등을 돌리고 떠나는 사람이 있다면 반드시 보복하려고 할 것이다. 내부의 배신자가 가장 무서운 적이다.

장비는 속히 흰 갑옷 10만 벌을 준비하라고 하고는 반발하는 부하들을 족쳤다. 그가 잠들자 두 부하가 그를 살해했다.

사랑이 제일이다. 많이 사랑하고 많이 사랑받아야 한다. 하지만 사랑에 걸신들리면 독이 든 사랑을 가리지 못할 수 있다.

'제비'와 '꽃뱀'에게서 철철 사랑이 넘치고 이단과 사이비에게서 이글이글 사랑이 불탄다. 시험을 거쳐야 진짜 사랑이다.

사랑에 너무 목마르면 사냥꾼의 밥이 된다. 사랑을 입에 달고 사는 사람을 조심하라. 성숙한 사랑은 말로 하지 않는다.

사랑한다며 함부로 덤비지 말라. 사랑은 그 사람의 빛나는 매력에 가려진 상처와 결점까지 포용하는 너그러움과 용기다.

반짝인다고 해서 다 금인 것은 아니다. 천사 같은 웃음은 선한 내면의 표출이 아니라 생존의 습관적인 기술일 수도 있다.

에스프레소도 커피지만 카푸치노도 커피다. 적절한 거품은 커피를 부드럽게 한다. 하지만 거품이 너무 심하면 가짜다.

남이 거의 다 써주고 사재기도 대량으로 하고 그래서 베스트셀러 작가가 되었는데도 버젓이 사회 멘토로 활약한다.

악한 사기꾼은 드러나기에 피하면 되지만 약한 사람은 돕기도 힘들고 피할 수도 없다. 붙잡아 세우지만 주저앉는다.

압정은 밟으면 안 된다

불우한 환경에서 자랐을수록 대인관계에 철저해야 한다. 2배 노력하면 공부나 일은 잘하겠지만 성격 결함은 오래간다.

남자들의 야망에 넘어가지 말고 그 책임감을 확인해야 하며 여자들의 눈물에 넘어가지 말고 그 됨됨이를 확인해야 한다.

여자가 육아에 전념해도 가정 경제를 책임지는 신랑감, 일을 포기해도 육아는 포기할 수 없는 신붓감을 각각 구한다.

작은 것이 무섭다. 사자보다 모기에게 물려 죽는 사람이 훨씬 많다. 태산은 밟을 수 있어도 압정은 밟으면 안 된다.

1차 세계대전 중 2,100만 명이 희생됐는데 1918년 시작된 스페인 독감 바이러스는 그보다 많은 사람을 희생시켰다.[202]

1968년 우주왕복선 챌린저호가 발사 73초 만에 폭발했다. 기온 급강하로 작은 고무 부품에 이상이 생겼기 때문이었다.

사소하게 나쁜 것이 쌓여 큰 실패를 낳고 사소하게 좋은 것이 쌓여 큰 성공을 낳는다. 사소한 습관이 큰 차이를 만든다.

사소한 약속이라도 자주 깨면 인격도 깨지고 만다. 난처한 상황을 모면하려고 사소한 약속을 남발하지 말아야 한다.

해도 되는 말이 있고 해서는 안 되는 말도 있다. 말을 가리지 않으면 간에 지방이 쌓이듯이 인생에 허물이 쌓인다.

다른 각도에서 말하는 것은 창조적인 차이를 낸다. 그러나 너무 논의의 초점을 이탈하게 되면 어리석거나 교만해진다.

어떤 언어를 주로 썼는가. 칼처럼 베는 언어인가, 보자기처럼 싸는 언어인가. 나이가 들수록 포근한 언어가 더 좋아진다.

오늘날의 SNS 시대에는 스타로 부상하기도 쉽지만 저격되기도 쉽다. SNS 대중은 열렬한 추종자인가 하면 숨은 저격수다.

접속세대와 저격수

수많은 접속세대가 SNS에서 활약하는 상황에서 기성세대의 약점이 그대로 노출되고 확산된다. 하루아침에 저격될 수 있다.

이전에는 언론과 방송만이 감시견 역할을 했다면 지금은 SNS에서 실시간으로 활약하는 접속세대도 그 역할을 하고 있다.

남들의 평가에 좌우되는 삶을 살지 않으려면 자기 평가에 인색하지 않아야 한다. 나는 바른 방향에서 잘해내고 있는가.

별만 보면 발부리가 돌에 채이고 발부리만 보면 별을 놓친다. 별을 보며 방향을 잡고 발부리를 보며 현실을 통과한다.

손가락이 아니라 손가락이 가리키는 달을 본다. 돌멩이가 아니라 돌멩이를 던지는 사람을 쫓는다. 정확히 보아야 한다.

전통적인 관점, 윤리적 관점, 이상적인 관점에서 보지 않고 객관적인 관점, 실증적인 관점에서 있는 그대로 보려고 한다.

까마귀는 검으니까 나쁘다고 하면 윤리적인 접근이고 까마귀는 물통에 돌을 넣어 물을 마신다고 하면 실증적인 접근이다.

교육의 불평등은 모든 불평등의 어머니다. 공교육에서 최고 수준의 콘텐츠를 접하면 개천에서도 용이 나올 수도 있다.

실업 문제는 개인 역량의 문제인 한편 사회 시스템의 문제이기도 하다. 사회학은 개인을 놓치나 심리학은 집단을 놓친다.

네 사업이 잘된다고, 네 교회가 부흥한다고 큰 소리로 감사하거나 웃지 말라. 너 때문에 마음으로 우는 사람들도 많다.

골목 상권, 동네 교회를 살려야 한다는 것쯤은 다 안다. 하지만 대형 마트, 대형 교회로 간다. 어떻게 간극을 메워야 하는가.

이스라엘의 세계적인 성공에는 자유로운 의사표현의 '후츠파' 정신과 함께 사회 책임의 '로시가돌' 정신이 배어 있다.

가격과 품질을 넘어 감성은 물론 사회와 환경까지 고려해야 하고 보상과 복지를 넘어 영혼까지 배려해야 하는 시대다.

불패가 최상의 전략이다

당근과 채찍만으로는 안 된다. 영혼의 깊은 울림으로 움직이게 해야 한다. 닭장에 가두고 몰아붙이는 시대는 이미 끝났다.

부모 세대의 행복 조건을 다 충족했다고 해도 자녀 세대는 행복할 수 없다. 인식 수준이 훨씬 더 높아져 있기 때문이다.

구태의연한 사랑은 지겹게 하고 질리게 해서 도망가게 만든다. 자식 사랑이든, 배우자 사랑이든 혁신적이어야 한다.

도움을 주면 처음에 고마워하다가 나중에는 부끄러워하며 돌아선다. 도와주고 사람을 잃는다. 지혜로운 배려가 필요하다.

무료로 제공하면 투정을 자주 하고 안 오기도 하지만 유료로 제공하면 칭찬도 많이 하고 종종 친구까지 데리고 온다.

최초라는 자긍심이 최고라는 영광을 보장하지는 못한다. 최고의 자리에 이르지 못하고 최초에 머문 경우는 허다하다.

최선을 다했다는 말은 변명이다. 최초라는 말은 시작에 불과하다는 뜻이다. 끝까지 완주하고 든든히 서는 최고가 되어야 한다.

퍼펙트스톰의 격동기다. 성공하는 것이 아니라 실패하지 않는 것에 대해 이야기해야 한다. 불패가 최상의 핵심어다.

크게 이루고 크게 망해 수많은 사람을 파멸시키는 대패가 아니라 천천히 작게 이루어도 오래가는 불패여야 한다.

도전과 실패가 창조를 도출하기도 한다. 하지만 사회적인 재기 시스템이 없다면 무모한 도전은 큰 패망의 지름길이다.

창업국가로 불리는 이스라엘의 창업 성공률은 10% 미만이다. 국가의 지원과 미국 자본의 유입이 막강한데도 그렇다.

수학 문제를 푸는 학교 공부에서는 얼마든지 실패해도 되겠지만 창업 경영에서 실패하면 3대가 패가망신할 수도 있다.

실패는 안 해야 한다. 굳이 하겠다면 일찍, 싸게, 빠르게 해야 한다. 늦게, 비싸게, 느리게 하면 만회할 수 없다.

브레이크도 밟는다

승리에 대한 욕구가 강할수록 상대방을 과소평가하고 자기 자신을 과대평가한다. 전체를 보지 못하고 함정에 빠진다.

조급함은 백해무익이다. 항상 일을 그르치게 한다. 되돌아와야 하는데 전진하게 하고 멈추어야 하는데 가속하게 한다.

늘 뛸 수는 없다. 멈출 줄도 알아야 한다. 추진력과 절제력이 적절하게 교차해야 성과와 성공이 오래 지속될 수 있다.

먼 길을 안전하게 가려면 엑셀러레이터를 밟는 한편 브레이크도 밟아야 한다. 닻을 올려야 하겠지만 돛도 내려야 한다.

현명한 리더는 불넝이만 있지 않다. 좋은 브레이크도 있다. 열심히 불태워야 할 때와 차분히 멈추어야 할 때를 안다.

오디세우스는 세이렌의 매혹적인 노래를 이기려고 자신의 몸을 돛대에 묶었다. 유혹이 넘치는 시대에 절제가 살게 한다.

실패와 고난 중에 믿음과 용기를 잃지 않기란 어렵다. 성공과 번영 중에 겸손과 온유를 잃지 않기란 훨씬 더 어렵다.

CEO의 넘치는 낙관주의와 강한 추진력이 고속성장의 요인이기도 하지만 불경기에는 고속추락의 요인으로 작용한다.

꿈은 허황되다고 할 만큼 크게 꾼다. 하지만 일은 능력 범위 안에서 벌인다. 능력을 넘어서는 과욕의 끝은 몰락이다.

과욕을 끝내지 않으면 치욕과 죽음이 끝나게 한다. 아무리 고상하고 위대한 것일지라도 지나치게 추구한다면 과욕이다.

한 번의 수고나 기회로 결코 위대함에 이를 수는 없다. 그러나 한 번의 실패나 불운으로 위대함을 추락시킬 수는 있다.

리더는 승리가 안겨줄 큰 이익에만 눈이 멀어서는 안 된다. 패배가 안겨줄 치명타도 미리 계산에 넣을 수 있어야 한다.

현재의 실패는 미래의 실패의 크기에 비하면 작을 것이다. 현재의 실패에 너무 연연하지 말고 미래의 실패에 대비한다.

나의 삶을 팔아야 한다

사업에만 몰두해도 사업은 늘 어렵기 마련이다. 열 번 잘해야 할 뿐만 아니라 열한 번째도 잘해야 하는 것이 사업이다.

큰 위기 앞에서 공포가 극심할수록 한 번에 한 발씩 정확히 조준해야 한다. 무차별 난사는 자멸을 재촉할 뿐이다.

1인 기업은 전투비행단처럼 전폭기들을 대거 출격시킬 수 없다. 요인을 겨냥하는 저격수처럼 하나씩 명중시켜야 한다.

자기 한계를 인식해야 객관성을 가질 수 있다. 그러나 자기 신화를 창조함으로써 자기 한계를 돌파해낼 수 있어야 한다.

나의 출생에 무슨 신적인 비밀이 숨어 있는가. 무엇을 이루고 살아야 할 운명인가. 나에게 어떤 재능과 기술이 있는가.

나보다 위대한 존재가 나를 호명하고 임명한다면 그것이 나의 자존감이고 정체감이다. 누가 나를 호명하고 임명하는가.

캄캄한 밤에 서치라이트의 강력한 빛에 들짐승이 포박되듯이 진리와 사명의 강력한 빛에 포박되고 싶은 열망이 있는가.

성경의 요셉은 7년 풍년과 7년 흉년의 시대적인 과제를 해결했다. 우리 시대의 과제는 무엇이며 나는 어떻게 하고 하는가.

제품이나 서비스를 파는 것이 아니라 나의 삶을 팔아야 한다. 이런 삶도 있다는 것을 고객에게 보여줄 수 있어야 한다.

뛰어난 실내 장식은 바로 사람이다. 자기다운 사람이 있는 곳에는 사람들이 끌린다. 나는 나의 조직에 어떤 장식인가.

늘 다다익선이지는 않다. 좋은 것들이 가득한 집보다 딱 있어야 할 것만 있는 집이 더 고급스럽다. 나다움이 최상이다.

자기다움이 최고의 리더십이고 창조다. 나답지 않으려면 왜 태어나 아등바등 사는가. 나는 나를 알고 나의 길을 간다.

사랑하는 사람들을 위해 헌신만 하고 자기다움을 위해 투자하지 않으면 어느 날 사랑하는 사람들로부터 버림을 당한다.

자기다움이 최고의 리더십이고 창조다.
나답지 않으려면 왜 태어나 아등바등 사는가.

나의 재능부터 파악한다

명문 조직에 다니다 보면 자신이 그 정도의 브랜드인 양 착각한다. 아니다. 나오자마자 추락이다. 자기 브랜드가 있는가.

모든 생명체는 다 자기답다. 단세포의 아메바 DNA에도 4억 개의 유전정보가 있다. 500쪽짜리 책 80권에 해당된다.[203]

흰긴수염고래는 길이가 33미터, 무게가 200톤에 달한다. 혀는 코끼리, 심장은 자동차만 하다. 그런데 먹이는 새우다.

우리의 유전자는 99.9%가 동일하다. 0.1%의 차이가 우리의 개성을 결정한다. 우리는 거의 같으면서 완전히 다르다.[204]

지속적으로 생존하고 번성하는 비결은 아주 간단하다. 우선 자기다워야 한다. 그리고 자기다운 사람들과 협력해야 한다.

움직이지 않으면 아무것도 이룰 수 없다. 움직여야 한다. 하지만 진정으로 원하는 것이 무엇인지 분명히 아는 것이 먼저다.

많은 고민과 오랜 탐구를 통해 좋아하고 즐거워하고 신 나는 것, 하고 싶고 잘하고 해야 하는 것을 찾아내고 집중한다.

남보다 잘하는 것, 다른 것보다 잘하는 것, 힘들이지 않고 쉽게 하는 것, 기꺼이 자발적으로 하는 것에 나의 재능이 있다.

재능을 찾아 키우기는 어렵다. 나의 재능 발굴에 힘을 쏟아줄 사람은 거의 없다. 부모마저 그렇다. 스스로 힘써야 한다.

1만 시간의 노력보다 더 우선인 것이 있다. 재능이다. 재능이 있는 분야에서 최소의 노력으로 최대의 효과를 내야 한다.

미시간주립대학교의 자크 햄브릭 교수에 따르면 선천적인 재능이 없이는 많이 노력해도 대가가 될 확률은 크지 않다.

재능으로만 사는 사람은 베짱이이고 노력으로만 사는 사람은 개미다. 재능에다 노력을 잘 배합한 '개짱이'가 바람직하다.

펭귄은 비행 대신에 헤엄을 선택했고 하늘을 잃었지만 바다를 얻었다. 나의 숨은 재능이 발휘되는 영역은 어디인가.

타조는 날개가 너무 작아 날지 못하지만 눈이 둥그렇게 커서 멀리 보고 다리 근육이 탄탄해 자동차처럼 빠르게 달린다.

나다운 주특기는 무엇인가

민들레 꽃은 화려하지 않고 홀로 핀다. 그러나 항암물질 생산에 유용하다. 어디서 나만의 진가가 발휘될 수 있는가.

볼보 하면 '안전'이고 페라리 하면 '속력'이다. 뚜렷한 차이가 나의 이미지를 결정한다. 남들은 나를 어떻게 인식하는가.

봄과 여름에 피는 꽃도 있고 가을에 피는 꽃도 있고 심지어 겨울에 피는 꽃도 있다. 사람마다 피는 계절이 따로 있다.

천리마는 원래 지독한 야생마였다. 야생마를 다룰 수 있는 사람도 있고 조랑말을 타야 할 사람도 있다. 나는 어떤가.

다 탁월한 화가였으나 다빈치는 가난했고 루벤스는 부를 엮어냈다. 고흐는 비참했고 피카소는 욕심껏 마음대로 살았다.

누구나 행복하고 싶다. 무엇이 행복인가. 자신이 소중하게 여기는 것에서 행복을 얻게 된다. 행복은 사람마다 다르다.

무엇을 어떻게 해야 남과 비교되지 않는 행복을 누릴 수 있을까. 나만의 일을 찾고 거기서 나만의 가치를 찾아야 한다.

덩치의 힘을 키우려고 하니 나보다 큰 힘과 비교되고 깊이의 인격을 키우려고 하니 나보다 깊은 인격과 비교된다.

누구에게 일어난 기적이나 성공이 나에게도 일어나길 기도하고 노력하지만 그대로는 안 된다. 환경이 다르기 때문이다.

다들 갖지 말아야 하는 열등감은 갖고 가져야 하는 자신감은 갖지 못한다. 나에게 자신감을 주는 근거를 찾아내야 한다.

나 자신에 대한 인식의 깊이, 사랑과 같은 본질에 대한 추구, 남다른 엉뚱함의 시도가 나다운 주특기를 발휘하게 한다.

모든 사람이 얻고자 애쓰는 단 한 가지는 자긍심이다. 남들의 자긍심을 위해 제공될 수 있는 나의 주특기는 무엇인가.

이틀째 만남에서 장윤정의 노래 '첫사랑'을 부른 오예중은 곧 그이와 결혼했다. 내 주특기로 남에게 어떤 영향을 주는가.

스스로 선택하고 고용한다

타인의 성패에 따라 나 자신의 성패가 좌우되는 인생을 살지 않는다. 타인의존형 인생은 바람에 휘둘리는 낙엽과 같다.

남들이 나를 선택하도록 나를 남들에게 짜 맞춘다. 그래도 안 되면 과감히 내가 나 자신을 선택하고 고용하고 책임진다.

명문대 출신도 아니고 남들이 고용해주지도 않기에 스스로를 고용하기로 했다. 이것이 성공적인 백만장자의 특징이다.

그레이엄 웨스턴은 아무도 자신을 안 뽑아줄 것 같아 창업했는데 그의 랙스페이스는 세계 최대의 호스팅 업체가 됐다.

윌 킹은 작은 회사의 세일즈맨이었다가 잘린 후 사상 첫 면도용 오일 회사를 세우고는 50억 개의 오일 제품을 팔 수 있었다.

권력자나 부자가 일부러 나를 찾아와 선택할 가능성은 없다. 자기 자신을 키우고 가꾸고 채용하고 두루 연결시켜야 한다.

어린 시절의 심한 결핍이 평생을 움직이게 하는 동기가 될 수 있다. 나와 가족, 그리고 사회의 강한 결핍이 무엇인가.

12세의 아만시오 오르테가는 식품도 살 수 없는 가난에 충격을 받고는 퇴학 후 취업했고 결국 인디텍스를 창업해냈다.

명품은 자신의 문제로부터 탄생된다. 크리스티앙 디오르는 아버지의 비료공장 거름 냄새가 싫어서 향수 회사를 세웠다.

세잔은 진짜 산을 그리려고 20년 간 산을 봤고 진짜 사과를 그리려고 40년 간 사과를 봤다. 결국 현대미술의 아버지가 됐다.

아인슈타인은 사생아도 낳았고 세일즈맨이 되려고도 했다. 태어나지 말아야 했다며 자책도 했지만 결국 창조자가 됐다.[205]

스위스 특허국의 2급 기술시험사 승진에서 떨어진 직후였던 1905년 아인슈타인은 특수 상대성이론으로 세상을 뒤집었다.

정주영은 17세에 아버지의 소를 판 돈 70원을 몰래 갖고 가출한 지 66년 만에 소 1,001마리를 몰고 고향을 다시 찾았다.

그림자가 없는 성공은 없다

"좁게 잡고 높이 쌓아 올린다." 신용호 교보문고 창업주는 교육보험과 교보문고를 통해 국민교육의 높은 탑을 쌓았다.

화가 엄정순은 시각장애인 아동들을 화가로 만드는 미술교육을 한다. 세상은 고정관념을 깨고 창조하는 사람의 몫이다.

마방에서는 여자를 기피했다. 마주들은 여자에게 경마를 주지 않았다. 하지만 이금주는 끝내 최초의 여자 기수가 되었다.

키가 클수록 그림자도 크다. 영웅일수록 허물도 크다. 한 면만 보고 환호하지 않는다. 양면을 다 보고 평가해야 한다.

피카소는 평생 7명의 여인들과 동거했다. 46세에 17세의 마리 테레즈를 꼬드겨 딸까지 낳고는 잔인하게 내버렸다.

그림자가 없는 성공은 없다.

그림자가 없는 성공도 없다. 마리 퀴리는 방사능 연구로 노벨 물리학상을 받았지만 방사능 때문에 백혈병으로 사망했다.

원하는 것이 내게 유익하지 않고 치명적일 수도 있다. 오이디푸스는 싸움에 이기고 왕비를 차지했으나 자기 어머니였다.

좋아하는 것을 하라고들 한다. 그러나 경쟁력이 없다면 평생 해도 그저 그럴 것이다. 좋아하는 것에 경쟁력이 있는가.

잘하는 것을 하고 좋아하는 것을 하라고 조언하지만 자기 딴에만 잘하고 좋아하는 것을 미친 듯이 해대면 어찌 될까.

좋아하는 일을 하며 돈을 벌면 된다고 하지만 대다수는 말처럼 쉽지 않다. 돈을 벌고 나서 좋아하는 일을 해도 된다.

자기 훈련이 잘돼 있어서 하고 싶은 일만 하면서 먹고사는 사람은 드물다. 대다수는 하기 싫은 일도 해야 먹고산다.

하고 싶은 일을 하면서 사는 인생이 몇이나 될까. 안 하면 안 되니까 하기 싫은 일도 하면서 사는 인생이 대다수다.

꿈이 없는, 꿈도 꿀 수 없는, 꿈을 이룰 수 없는 서민이 얼마나 많은가. 하루하루 산다는 것 자체가 숭고한 일이다.

손을 펴고 죽는 게 인생이다

현재를 선물처럼 감사하며 즐긴다. 너무 '장' 자리를 탐하지 않는다. 사장 다음엔 회장이고 회장 다음엔 죽은 송장이다.

가벼울수록 소중하다. 빛과 공기의 무게는 얼마나 될까. 육체에 비하면 무게라고 할 것도 없는 영혼은 얼마나 소중한가.

젊어서는 몸의 무게를 느끼지 못하다가 늙을수록 느낀다. 병들어 몸의 무게를 느낄수록 영원을 생각하고 신을 기억한다.

사람은 외로우니까 사람 사이에서 인간이 된다. 무한한 시공간 속에서 절대 고독을 느끼니까 신을 찾는 구도자가 된다.

사람은 끝내 혼자다. 신 앞에 단독자다. 누구도 끝까지 함께 갈 수 없다. 나 홀로 외로이 신을 향해 걸어가야 한다.

신은 어디에나 있다. 도시에도 있고 광야에도 있다. 그런데 도시에는 신의 모조품들이 너무 많아 신을 느끼기 어렵다.

나이가 들수록 배워야 하는 게 있다. 즐기고 사랑하고 베푸는 법이다. 손을 쥐고 태어나서 펴고 죽는 게 인생이다.

김형석 교수에 따르면 사랑이 없는 고생도, 고생이 없는 사랑도 무의미하다. 이웃을 사랑하되 고생하며 사랑해야 한다.

도움을 받지 않고 살면 오만하고 도움을 주지 않고 살면 냉혹하다. 아랫사람한테도 도움을 받고 윗사람도 도와준다.

많은 이를 위해 자신을 죽이는 선인도, 자신을 위해 많은 이를 죽이는 악인도 있다. 천국과 지옥은 있어야 한다.

12세기의 칭기즈칸은 수백만 명의 목숨을 빼앗았고 21세기의 살만 칸은 수백만 명에게 무료로 지식 동영상을 제공한다.

138억 년의 우주 역사도, 45억 년의 지구 역사도, 500만 년의 인류 역사도 영원에 비하면 찰나다. 영생이 최고의 가치다.

◆ 에필로그

모범생 인재는 잊어라

　기후변화로 기상재해가 잇따르는 데다 인공지능의 발달로 대규모 실업까지 예고되고 있다. 인류의 문제가 만만찮다. 지구 탈출과 화성 식민지 건설이 거론될 정도다. 가장 먼저 인식의 대전환이 요구된다. 인간은 우주와 자연의 중심이 아니다. 138억 년의 우주 역사를 1년으로 치자면 인류 역사는 1초에 불과하다. 자연 앞에 인간은 오만을 버리고 겸손해야 한다.

　더 이상 덩치와 수치를 앞세우며 자연을 착취하지 말아야 한다. 덩치와 수치가 어제의 해법이었다면 오늘의 해법은 가치와 이치다. 이제 인간끼리의 평화와 공존을 넘어 모든 생명체끼리의 평화와 공존을 유일한 이데올로기로 삼아야 한다. 닭장에 가두고 쥐어짜던 시대는 지났다. 개인도, 기업도, 국가도, 국제기구도 영혼의 깊은 울림으로 움직이며 인간은 물론 자연에까지 감동을 줄 수 있어야 한다.

　인간의 창조성도 더욱 강화돼야 한다. 로봇 지능이 지성과 감성은 물론 의지의 영역까지 넘보는 실정이다. 장차 로봇은 일류 인간이 되고 인간은 이류 로봇이 될지도 모른다. 창조성 외에는 호모사피엔스가 '로보사피엔스'를 이길 길이 없다. 다양한 방법을 동원해 창조성을 기르되 특히 연결과 융합을 통해 창조를 낳는 창조 공정을 익혀야 한다. 창조의 천재로 추앙받는 사람도 알고 보면 연결과 융합의 천재였을 뿐이다. 재료가 밋밋해도 연결하고 융합하는 방식이 기발하면 대단한 결과물이 창출될 수 있다.

교육방식도 바뀌어야 한다. 대격변의 미래에는 정해진 답이 없다. 정답이 덜 중요해지고 질문이 더 중요해진다. 정답을 가르치는 교육이 아니라 질문하고 토론하고 깨우치는 교육이어야 한다. 정답을 외우고 기억하는 모범생 인재를 길러내기보다는 현재와 미래의 문제를 발굴하고 다양한 답을 찾아가는 창조형 인재를 길러내야 한다. 가슴과 머리, 직관과 이성, 상상과 실재가 결합되고 이 과목과 저 과목이 융합되도록 하며 학생들이 화가이자 과학자, 음악가이자 수학자, 무용가이자 공학자가 되도록 해주어야 한다.

지금의 청년들은 평생 네댓 직종을 전전하게 될 것이다. 한두 가지를 잘하는 전문가에서 서너 가지를 잘하는 멀티플레이어를 넘어 네댓 가지를 융합하는 '옴니플레이어'가 되기를 강요받을지도 모른다. 어제는 예술가였다가 오늘은 기술자이다가 내일은 요리사일 수 있는 융합형 인간이 미래의 인재시장에서 각광받게 될 것이다. 천 개의 미래와 만 개의 기회를 붙잡으려면 전공의 경계를 넘어 다양한 분야를 연결하고 융합할 수 있어야 한다. 아래는 창조의 마스터가 되는 데 도움이 될 '팁 10'을 요약한 것이다.

① 주어진 답에 현실을 맞추는 사람은 모범생이고 그 답을 의심해 도발적이고 전복적인 질문을 던지는 사람은 창조자다.

② 이전에 되던 것들이 이제 안 되기 시작하고 이전에 안 되던 것들이 이제 되기 시작하는 격변기다. 반문하고 뒤집어라.

③ 연결과 융합의 창조성이 고도로 발현돼야 한다. 창조성의 방파제를 더 높이 쌓으면 인공지능의 쓰나미도 막을 수 있다.

④ 창의, 창조, 혁신은 Connection과 Combination의 자식이다. Connector가 되고 Combinator가 되면 Creator가 된다.

⑤ 생각의 점, 선, 면, 각도를 더 많이 확보하고 연결하고 융합함으로써 생각의 입체를 더 풍부하게 만드는 것이 창의다.

⑥ 경계를 넘어 다양한 분야를 두루 섭렵하고 어떤 주제나 문제를 중심으로 서로 연결시키고 융합시키면 창조가 발생한다.

⑦ 익숙한 것에 낯선 것을 섞고 고상한 것에 상스러운 것을 비비고 딱딱한 것에 부드러운 것을 버무리는 융합이 창조다.

⑧ 어떤 창조도 독창은 없다. 다 합창이다. 역사로부터 배우고 다른 사람과 협력하고 함께 공유함으로써 창조가 나온다.

⑨ 단지 옳기만 해서는 안 된다. 옳아도 아무 효과가 없을 수 있다. 옳으면서 효과까지 낼 수 있는 전략이 있어야 한다.

⑩ 최선을 다했다는 말은 변명이다. 최초라는 말은 시작에 불과하다는 뜻이다. 끝까지 완주하고 든든히 서는 최고가 되어야 한다.

본문 주

1 이인식,《융합하면 미래가 보인다》(21세기북스, 2014), 266면 참조.
2 레이 커즈와일,《특이점이 온다》(김영사, 2007), 347면 참조.
3 박영숙 외,《유엔미래보고서 2040》(교보문고, 2013), 222면 참조.
4 박영숙 외,《유엔미래보고서 2040》(교보문고, 2013), 210면 참조.
5 《트렌즈 Trends》지 특별취재팀,〈10년 후 시장의 미래〉(일상이상, 2014), 300면 참조.
6 이인식,《융합하면 미래가 보인다》(21세기북스, 2014), 161면 참조.
7 유영민·차원용,《상상, 현실이 되다》(프롬북스, 2014), 108면 참조.
8 레이 커즈와일,《특이점이 온다》(김영사, 2007), 445면 참조.
9 레이 커즈와일,《특이점이 온다》(김영사, 2007), 447면 참조.
10 레이 커즈와일,《특이점이 온다》(김영사, 2007), 448면 참조.
11 레이 커즈와일,《특이점이 온다》(김영사, 2007), 448면 참조.
12 유영민·차원용,《상상, 현실이 되다》(프롬북스, 2014), 247면 참조.
13 유영민·차원용,《상상, 현실이 되다》(프롬북스, 2014), 261면 참조.
14 《트렌즈 Trends》지 특별취재팀,〈10년 후 일의 미래〉(일상이상, 2013), 230면 참조.
15 《트렌즈 Trends》지 특별취재팀,〈10년 후 일의 미래〉(일상이상, 2013), 236면 참조.
16 《트렌즈 Trends》지 특별취재팀,〈10년 후 일의 미래〉(일상이상, 2013), 244면 참조.
17 원호섭, "병든 유전자 잘라내 질병 치료·예방," 매일경제(2014. 6. 3), A17면 참조.
18 최용성, "부활하는 비트코인," 매일경제(2014. 8. 2), A4 참조.
19 손재권,《파괴자들》(한스미디어, 2013), 46면 참조.
20 박영숙 외,《유엔미래보고서 2040》(교보문고, 2013), 118면 참조.
21 박영숙 외,《유엔미래보고서 2040》(교보문고, 2013), 107면 참조.
22 이인식,《융합하면 미래가 보인다》(21세기북스, 2014), 247면 참조.
23 이인식,《융합하면 미래가 보인다》(21세기북스, 2014), 253면 참조.
24 레이 커즈와일,《특이점이 온다》(김영사, 2007), 459면 참조.
25 레이 커즈와일,《특이점이 온다》(김영사, 2007), 456면 참조.
26 《트렌즈 Trends》지 특별취재팀,〈10년 후 일의 미래〉(일상이상, 2013), 184면 참조.
27 《트렌즈 Trends》지 특별취재팀,〈10년 후 일의 미래〉(일상이상, 2013), 186면 참조.

28 박영숙 외,《유엔미래보고서 2040》(교보문고, 2013), 191면 참조.
29 유영민·차원용,《상상, 현실이 되다》(프롬북스, 2014), 186면 참조.
30 김종춘,《베끼고 훔치고 창조하라》(매일경제신문사, 2011), 191면 참조.
31 빌 브라이슨,《거의 모든 것의 역사》(까치, 2003), 237-238면 참조.
32 손재권,《파괴자들》(한스미디어, 2013), 41면 참조.
33 미치오 카쿠,《불가능은 없다》(김영사, 2010), 17면 참조.
34 빌 브라이슨,《거의 모든 것의 역사》(까치, 2003), 180면 참조.
35 손재권, "공유경제, 한국선 원천봉쇄," 매일경제(2014. 8. 12), 1면 참조.
36 빌 브라이슨,《거의 모든 것의 역사》(까치, 2003), 392면 참조.
37 이인식,《지식의 대융합》(고즈윈, 2008), 388면 참조.
38 한스 모라백,《마음의 아이들》(김영사, 2011), 191-192면 참조.
39 한스 모라백,《마음의 아이들》(김영사, 2011), 190면 참조.
40 한스 모라백,《마음의 아이들》(김영사, 2011), 179-181면 참조.
41 레이 커즈와일,《특이점이 온다》(김영사, 2007), 524면 참조.
42 에릭 브린욜프슨·앤드루 매카피,《기계와의 경쟁》(틔움, 2013), 37면 참조.
43 《트렌즈 Trends》지 특별취재팀,《10년 후 일의 미래》(일상이상, 2013), 165면 참조.
44 유영민·차원용,《상상, 현실이 되다》(프롬북스, 2014), 209면 참조.
45 오윤희, "미래에 사라질 가능성 높은 직업들," 조선일보(2014. 7. 19), C5면 참조.
46 레이 커즈와일,《특이점이 온다》(김영사, 2007), 403면 참조.
47 유영민·차원용,《상상, 현실이 되다》(프롬북스, 2014), 239면 참조.
48 《트렌즈 Trends》지 특별취재팀,〈10년 후 시장의 미래〉(일상이상, 2014), 181면 참조.
49 《트렌즈 Trends》지 특별취재팀,〈10년 후 시장의 미래〉(일상이상, 2014), 180면 참조.
50 이호승, "혁신기술, 세상을 바꾼다," 매일경제(2014. 7. 14), A6면 참조.
51 이호승, "혁신기술, 세상을 바꾼다," 매일경제(2014. 7. 14), A6면 참조.
52 이호승, "혁신기술, 세상을 바꾼다," 매일경제(2014. 7. 14), A6면 참조.
53 이호승, "혁신기술, 세상을 바꾼다," 매일경제(2014. 7. 14), A6면 참조.
54 신연수, "오바마폰 블랙베리의 추락," 동아일보(2013. 9. 25), A31면 참조.
55 미치오 카쿠,《불가능은 없다》(김영사, 2010), 16면 참조.
56 미치오 카쿠,《불가능은 없다》(김영사, 2010), 19면 참조.
57 미치오 카쿠,《불가능은 없다》(김영사, 2010), 19면 참조.
58 손재권,《파괴자들》(한스미디어, 2013), 288면 참조.

59 손재권,《파괴자들》(한스미디어, 2013), 291면 참조.
60 전준범, "로봇 광부, 달·소행성서 백금-희토류 캐는 시대 온다," 동아일보(2014. 5. 23), A27면 참조.
61 미치오 카쿠,《불가능은 없다》(김영사, 2010), 454면 참조.
62 미치오 카쿠,《불가능은 없다》(김영사, 2010), 455면 참조.
63 유영민·차원용,《상상, 현실이 되다》(프롬북스, 2014), 116면 참조.
64 유영민·차원용,《상상, 현실이 되다》(프롬북스, 2014), 122면 참조.
65 《트렌즈 Trends》지 특별취재팀, 〈10년 후 일의 미래〉(일상이상, 2013), 226-227면 참조.
66 《트렌즈 Trends》지 특별취재팀, 〈10년 후 시장의 미래〉(일상이상, 2014), 238면 참조.
67 프란스 요한슨,《메디치 효과》(세종서적, 2005), 137면 참조.
68 손재권, "구글의 또 다른 10년…IT 넘어 '로봇 왕국' 꿈꾼다," 매일경제(2014. 8. 22), A8면 참조.
69 미치오 카쿠,《불가능은 없다》(김영사, 2010), 296면 참조.
70 손재권,《파괴자들》(한스미디어, 2013), 304면 참조.
71 박인혜, "레드 오션에도 남이 안 가는 길 있다," 매일경제(2014. 7. 19), B3면 참조.
72 윤형준, "돈 버는 방법도 오픈하라," 조선일보(2014. 8. 16), C4면 참조.
73 로버트 루트번스타인·미셸 루트번스타인,《생각의 탄생》(에코의서재, 2007), 202면 참조.
74 매일경제 IoT혁명 프로젝트팀,《사물인터넷》(매일경제신문사, 2014), 161면 참조.
75 매일경제 IoT혁명 프로젝트팀,《사물인터넷》(매일경제신문사, 2014), 165면 참조.
76 매일경제 IoT혁명 프로젝트팀,《사물인터넷》(매일경제신문사, 2014), 246면 참조.
77 매일경제 IoT혁명 프로젝트팀,《사물인터넷》(매일경제신문사, 2014), 47면 참조.
78 매일경제 IoT혁명 프로젝트팀,《사물인터넷》(매일경제신문사, 2014), 95면 참조.
79 손재권, "서비스 회사로 변신한 에릭슨, 매출 66% SW에서 나온다," 매일경제(2014. 8. 18), A18면 참조.
80 매일경제 IoT혁명 프로젝트팀,《사물인터넷》(매일경제신문사, 2014), 110면 참조.
81 매일경제 IoT혁명 프로젝트팀,《사물인터넷》(매일경제신문사, 2014), 168면 참조.
82 《트렌즈 Trends》지 특별취재팀, 〈10년 후 시장의 미래〉(일상이상, 2014), 123면 참조.
83 매일경제 IoT혁명 프로젝트팀,《사물인터넷》(매일경제신문사, 2014), 268면 참조.
84 백강녕, "시동 걸린 '자동차 OS' 전쟁," 조선일보(2014. 7. 11), D3면 참조.
85 신동훈, "터치보다 목소리다," 조선일보(2014. 7. 11), D1면 참조.
86 프란스 요한슨,《메디치 효과》(세종서적, 2005), 128면 참조.
87 윌리엄 더건,《제7의 감각 : 전략적 직관》(비즈니스맵, 2008), 180면 참조.

88 김종춘,《내 인생을 바꾸는 10초》(매일경제신문사, 2012), 202면 참조.
89 로버트 루트번스타인·미셸 루트번스타인,《생각의 탄생》(에코의서재, 2007), 179면 참조.
90 스티븐 존슨,《탁월한 아이디어는 어디서 오는가》(한국경제신문, 2012), 170면 참조.
91 윌리엄 더건,《어떻게 미래를 선점하는가?》(비즈니스맵, 2013), 67면 참조.
92 김종춘,《베끼고 훔치고 창조하라》(매일경제신문사, 2011), 114면 참조.
93 김종춘,《베끼고 훔치고 창조하라》(매일경제신문사, 2011), 175면 참조.
94 김종춘,《베끼고 훔치고 창조하라》(매일경제신문사, 2011), 124면 참조.
95 김종춘,《베끼고 훔치고 창조하라》(매일경제신문사, 2011), 106면 참조.
96 김종춘,《베끼고 훔치고 창조하라》(매일경제신문사, 2011), 20면 참조.
97 로버트 루트번스타인·미셸 루트번스타인,《생각의 탄생》(에코의서재, 2007), 201면 참조.
98 최재천,《통섭적 인생의 권유》(명진출판, 2013), 107면 참조.
99 김용학,《생각, 엮고 허물고 뒤집어라》(21세기북스, 2011), 111-112면 참조.
100 이인식,《자연은 위대한 스승이다》(김영사, 2012), 86면 참조.
101 이인식,《자연은 위대한 스승이다》(김영사, 2012), 80면 참조.
102 이인식,《자연은 위대한 스승이다》(김영사, 2012), 126면 참조.
103 김종춘,《베끼고 훔치고 창조하라》(매일경제신문사, 2011), 115면 참조.
104 이인식,《자연은 위대한 스승이다》(김영사, 2012), 135면 참조.
105 이인식,《자연은 위대한 스승이다》(김영사, 2012), 110면 참조.
106 이인식,《자연은 위대한 스승이다》(김영사, 2012), 266면 참조.
107 유영민·차원용,《상상, 현실이 되다》(프롬북스, 2014), 69면 참조.
108 유영민·차원용,《상상, 현실이 되다》(프롬북스, 2014), 72면 참조.
109 유영민·차원용,《상상, 현실이 되다》(프롬북스, 2014), 246면 참조.
110 이인식,《자연은 위대한 스승이다》(김영사, 2012), 19면 참조.
111 이인식,《자연은 위대한 스승이다》(김영사, 2012), 137면 참조.
112 이인식,《자연은 위대한 스승이다》(김영사, 2012), 77면 참조.
113 이인식,《자연은 위대한 스승이다》(김영사, 2012), 116면 참조.
114 이인식,《자연은 위대한 스승이다》(김영사, 2012), 110면 참조.
115 이인식,《자연은 위대한 스승이다》(김영사, 2012), 30면 참조.
116 이인식,《자연은 위대한 스승이다》(김영사, 2012), 93면 참조.
117 이인식,《자연은 위대한 스승이다》(김영사, 2012), 101면 참조.
118 이인식,《자연은 위대한 스승이다》(김영사, 2012), 258면 참조.

119 이인식,《자연은 위대한 스승이다》(김영사, 2012), 260면 참조.
120 스티븐 존슨,《탁월한 아이디어는 어디서 오는가》(한국경제신문, 2012), 228면 참조.
121 윌리엄 더건,《어떻게 미래를 선점하는가?》(비즈니스맵, 2013), 38면 참조.
122 김종춘,《베끼고 훔치고 창조하라》(매일경제신문사, 2011), 72면 참조.
123 김종춘,《베끼고 훔치고 창조하라》(매일경제신문사, 2011), 91면 참조.
124 윌리엄 더건,《제7의 감각 : 전략적 직관》(비즈니스맵, 2008), 44면 참조.
125 윌리엄 더건,《제7의 감각 : 전략적 직관》(비즈니스맵, 2008), 256-257면 참조.
126 김용학,《생각, 엮고 허물고 뒤집어라》(21세기북스, 2011), 168-169면 참조.
127 윌리엄 더건,《어떻게 미래를 선점하는가?》(비즈니스맵, 2013), 204면 참조.
128 윌리엄 더건,《어떻게 미래를 선점하는가?》(비즈니스맵, 2013), 204면 참조.
129 윌리엄 더건,《제7의 감각 : 전략적 직관》(비즈니스맵, 2008), 52면 참조.
130 로버트 루트번스타인 · 미셸 루트번스타인,《생각의 탄생》(에코의서재, 2007), 194면 참조.
131 빌 브라이슨,《거의 모든 것의 역사》(까치, 2003), 26면 참조.
132 윌리엄 더건,《제7의 감각 : 전략적 직관》(비즈니스맵, 2008), 255면 참조.
133 로버트 루트번스타인 · 미셸 루트번스타인,《생각의 탄생》(에코의서재, 2007), 303면 참조.
134 로버트 루트번스타인 · 미셸 루트번스타인,《생각의 탄생》(에코의서재, 2007), 180면 참조.
135 이어령,《젊음의 탄생》(생각의나무, 2008), 123-124면 참조.
136 중앙일보 중앙SUNDAY 미래탐사팀 · 최재천,《10년후세상》(청림출판, 2012), 180면 참조.
137 이어령,《젊음의 탄생》(생각의나무, 2008), 125면 참조.
138 빌 브라이슨,《거의 모든 것의 역사》(까치, 2003), 268면 참조.
139 로버트 루트번스타인 · 미셸 루트번스타인,《생각의 탄생》(에코의서재, 2007), 31면 참조.
140 김용학,《생각, 엮고 허물고 뒤집어라》(21세기북스, 2011), 193면 참조.
141 김인수, "덜 똑똑해도 다양하게 뽑아라," 매일경제(2014. 3. 15), 매경 MBA B1면 참조.
142 김용학,《생각, 엮고 허물고 뒤집어라》(21세기북스, 2011), 110면 참조.
143 최원석, "접착제처럼… 人材경영도 연결할 대상을 제대로 이해하는 게 필수," 조선일보 (2014. 8. 23), C2면 참조.
144 프란스 요한슨,《메디치 효과》(세종서적, 2005), 39면 참조.
145 프란스 요한슨,《메디치 효과》(세종서적, 2005), 57면 참조.
146 김종춘,《소심불패 : 매일매일 꺼내보는 CEO 맞춤 멘토링》(매일경제신문사, 2012), 205면 참조.
147 이인식,《융합하면 미래가 보인다》(21세기북스, 2014), 20면 참조.

148 이인식,《융합하면 미래가 보인다》(21세기북스, 2014), 229면 참조.
149 빌 브라이슨,《거의 모든 것의 역사》(까치, 2003), 318-319면 참조.
150 이인식,《자연은 위대한 스승이다》(김영사, 2012), 171면 참조.
151 이인식,《자연은 위대한 스승이다》(김영사, 2012), 239면 참조.
152 로버트 루트번스타인·미셸 루트번스타인,《생각의 탄생》(에코의서재, 2007), 409면 참조.
153 로버트 루트번스타인·미셸 루트번스타인,《생각의 탄생》(에코의서재, 2007), 95면 참조.
154 로버트 루트번스타인·미셸 루트번스타인,《생각의 탄생》(에코의서재, 2007), 427면 참조.
155 로버트 루트번스타인·미셸 루트번스타인,《생각의 탄생》(에코의서재, 2007), 32면 참조.
156 최재천,《통섭의 식탁》(명진출판, 2011), 94면 참조.
157 로버트 루트번스타인·미셸 루트번스타인,《생각의 탄생》(에코의서재, 2007), 328면 참조.
158 로버트 루트번스타인·미셸 루트번스타인,《생각의 탄생》(에코의서재, 2007), 329면 참조.
159 이어령,《젊음의 탄생》(생각의나무, 2008), 130면 참조.
160 이어령,《젊음의 탄생》(생각의나무, 2008), 134면 참조.
161 최재천,《통섭적 인생의 권유》(명진출판, 2013), 132면 참조.
162 손재권,《파괴자들》(한스미디어, 2013), 301면 참조.
163 프란스 요한슨,《메디치 효과》(세종서적, 2005), 114면 참조.
164 프랭크 모스,《디지털 시대의 마법사들》(RHK, 2013), 27면 참조.
165 박인혜, "파괴적 혁신만이 애플 따라잡는다," 매일경제(2014. 8. 29), B1면 참조.
166 프란스 요한슨,《메디치 효과》(세종서적, 2005), 73면 참조.
167 김슬기·이선희, "왜 지금 이순신에 열광하는가," 매일경제(2014. 8. 9), A6면 참조.
168 장재웅, "세계적 문구업체 파버카스텔, 명품 연필로 250년간 일자리 창출," 매일경제(2014. 7. 25), A8면 참조.
169 이인식,《융합하면 미래가 보인다》(21세기북스, 2014), 19면 참조.
170 이인식,《융합하면 미래가 보인다》(21세기북스, 2014), 19면 참조.
171 프란스 요한슨,《메디치 효과》(세종서적, 2005), 154면 참조.
172 최재천,《통섭의 식탁》(명진출판, 2011), 204면 참조.
173 빌 브라이슨,《거의 모든 것의 역사》(까치, 2003), 320-321면 참조.
174 빌 브라이슨,《거의 모든 것의 역사》(까치, 2003), 321면 참조.
175 빌 브라이슨,《거의 모든 것의 역사》(까치, 2003), 495면 참조.
176 김종춘,《너는 전략으로 싸우라》(아템포, 2013), 166-167면 참조.
177 김종춘,《너는 전략으로 싸우라》(아템포, 2013), 42면 참조.

178 김종춘, 《너는 전략으로 싸우라》(아템포, 2013), 129면 참조.
179 김종춘, 《너는 전략으로 싸우라》(아템포, 2013), 98면 참조.
180 김종춘, 《너는 전략으로 싸우라》(아템포, 2013), 155면 참조.
181 김종춘, 《너는 전략으로 싸우라》(아템포, 2013), 82면 참조.
182 김종춘, 《너는 전략으로 싸우라》(아템포, 2013), 90면 참조.
183 김종춘, 《너는 전략으로 싸우라》(아템포, 2013), 232면 참조.
184 김종춘, 《너는 전략으로 싸우라》(아템포, 2013), 239면 참조.
185 미치오 카쿠, 《불가능은 없다》(김영사, 2010), 372면 참조.
186 미치오 카쿠, 《불가능은 없다》(김영사, 2010), 221면 참조.
187 미치오 카쿠, 《불가능은 없다》(김영사, 2010), 372면 참조.
188 빌 브라이슨, 《거의 모든 것의 역사》(까치, 2003), 262-263면 참조.
189 미치오 카쿠, 《불가능은 없다》(김영사, 2010), 221면 참조.
190 빌 브라이슨, 《거의 모든 것의 역사》(까치, 2003), 265면 참조.
191 빌 브라이슨, 《거의 모든 것의 역사》(까치, 2003), 283면 참조.
192 빌 브라이슨, 《거의 모든 것의 역사》(까치, 2003), 286면 참조.
193 빌 브라이슨, 《거의 모든 것의 역사》(까치, 2003), 359면 참조.
194 김지석, 《기후불황》(센추리원, 2014), 34면 참조.
195 앨 고어, 《앨 고어, 우리의 미래》(청림출판, 2014), 482면 참조.
196 앨 고어, 《앨 고어, 우리의 미래》(청림출판, 2014), 481면 참조.
197 《트렌즈 Trends》지 특별취재팀, 〈10년 후 일의 미래〉(일상이상, 2013), 197-199면 참조.
198 《트렌즈 Trends》지 특별취재팀, 〈10년 후 일의 미래〉(일상이상, 2013), 202면 참조.
199 박영숙 외, 《유엔미래보고서 2040》(교보문고, 2013), 120면 참조.
200 빌 브라이슨, 《거의 모든 것의 역사》(까치, 2003), 164면 참조.
201 빌 브라이슨, 《거의 모든 것의 역사》(까치, 2003), 383면 참조.
202 빌 브라이슨, 《거의 모든 것의 역사》(까치, 2003), 333면 참조.
203 빌 브라이슨, 《거의 모든 것의 역사》(까치, 2003), 317면 참조.
204 빌 브라이슨, 《거의 모든 것의 역사》(까치, 2003), 430면 참조.
205 미치오 카쿠, 《불가능은 없다》(김영사, 2010), 311면 참조.

참고문헌

레이 커즈와일, 《특이점이 온다》, 김영사, 2007.
로버트 루트번스타인·미셸 루트번스타인, 《생각의 탄생》, 에코의서재, 2007.
미치오 카쿠, 《불가능은 없다》, 김영사, 2010.
빌 브라이슨, 《거의 모든 것의 역사》, 까치, 2003.
스티븐 존슨, 《탁월한 아이디어는 어디서 오는가》, 한국경제신문, 2012.
앨 고어, 《앨 고어, 우리의 미래》, 청림출판, 2014.
에릭 브린욜프슨·앤드루 매카피, 《기계와의 경쟁》, 틔움, 2013.
윌리엄 더건, 《제7의 감각 : 전략적 직관》, 비즈니스맵, 2008.
윌리엄 더건, 《어떻게 미래를 선점하는가?》, 비즈니스맵, 2013.
《트렌즈 Trends》지 특별취재팀, 〈10년 후 일의 미래〉, 일상이상, 2013
《트렌즈 Trends》지 특별취재팀, 〈10년 후 시장의 미래〉, 일상이상, 2014.
프란스 요한슨, 《메디치 효과》, 세종서적, 2005.
프랭크 모스, 《디지털 시대의 마법사들》, RHK, 2013.
한스 모라백, 《마음의 아이들》, 김영사, 2011.

김용학, 《생각, 엮고 허물고 뒤집어라》, 21세기북스, 2011.
김종춘, 《베끼고 훔치고 창조하라》, 매일경제신문사, 2011.
김종춘, 《소심불패 : 매일매일 꺼내보는 CEO 맞춤 멘토링》, 매일경제신문사, 2012.
김종춘, 《내 인생을 바꾸는 10초》, 매일경제신문사, 2012.
김종춘, 《너는 전략으로 싸우라》, 아템포, 2013.
김지석, 《기후불황》, 센추리원, 2014.
매일경제 IoT혁명 프로젝트팀, 《사물인터넷》, 매일경제신문사, 2014.
박영숙 외, 《유엔미래보고서 2040》, 교보문고, 2013.
손재권, 《파괴자들》, 한스미디어, 2013.
유영민·차원용, 《상상, 현실이 되다》, 프롬북스, 2014.
이어령, 《젊음의 탄생》, 생각의나무, 2008.
이인식, 《지식의 대융합》, 고즈윈, 2008.
이인식, 《자연은 위대한 스승이다》, 김영사, 2012.

이인식,《융합하면 미래가 보인다》, 21세기북스, 2014.
중앙일보 중앙SUNDAY 미래탐사팀·최재천,《10년 후 세상》, 청림출판, 2012.
최재천,《통섭의 식탁》, 명진출판, 2011.
최재천,《통섭적 인생의 권유》, 명진출판, 2013.

김슬기·이선희, "왜 지금 이순신에 열광하는가," 매일경제, 2014. 8. 9.
김인수, "덜 똑똑해도 다양하게 뽑아라," 매일경제, 2014. 3. 15.
박인혜, "레드 오션에도 남이 안 가는 길 있다," 매일경제, 2014. 7. 19.
박인혜, "파괴적 혁신만이 애플 따라잡는다," 매일경제, 2014. 8. 29.
백강녕, "시동 걸린 '자동차 OS' 전쟁," 조선일보, 2014. 7. 11.
손재권, "공유경제, 한국선 원천봉쇄," 매일경제, 2014. 8. 12.
손재권, "서비스 회사로 변신한 에릭슨, 매출 66% SW에서 나온다," 매일경제, 2014. 8. 18.
손재권, "구글의 또 다른 10년…IT 넘어 '로봇 왕국' 꿈꾼다," 매일경제, 2014. 8. 22.
신동훈, "터치보다 목소리다," 조선일보, 2014. 7. 11.
신연수, "오바마폰 블랙베리의 추락," 동아일보, 2013. 9. 25.
오윤희, "미래에 사라질 가능성 높은 직업들," 조선일보, 2014. 7. 19.
원호섭, "병든 유전자 잘라내 질병 치료·예방," 매일경제, 2014. 6. 3.
윤형준, "돈 버는 방법도 오픈하라," 조선일보, 2014. 8. 16.
이호승, "혁신기술, 세상을 바꾼다," 매일경제, 2014. 7. 14.
장재웅, "세계적 문구업체 파버카스텔, 명품 연필로 250년간 일자리 창출," 매일경제, 2014. 7. 25.
전준범, "로봇 광부, 달-소행성서 백금-희토류 캐는 시대 온다," 동아일보, 2014. 5. 23.
최용성, "부활하는 비트코인," 매일경제, 2014. 8. 2.
최원석, "접착제처럼… 人材경영도 연결할 대상을 제대로 이해하는 게 필수," 조선일보, 2014. 8. 23.

스타리치북스 출간도서

당신이 별처럼 빛날 수 있도록!

위대한 개츠비

20세기 영미 문학 최고의 걸작

1974년에 이어 2013년 또다시 영화화되어 화제를 불러일으켰던 『위대한 개츠비』는 미국인들이 가장 좋아하는 소설이다. 작품의 배경이 되는 시기는 제1차 세계대전 직후, 이른바 '재즈 시대'라고 불리는 1920년대다. 급격한 산업화와 전쟁의 승리로 물질적인 풍요로움을 얻었지만 전쟁의 참화를 직·간접으로 체험한 젊은이들의 다양한 모습과 현실을 잘 보여주고 있다. 소설 속 주인공 개츠비는 젊은 시절의 순수한 사랑을 이루기 위해 자신을 내던진다. 그의 머릿속에는 아메리칸 드림을 이루어 부의 유혹에 넘어간 사랑하는 여인 데이지를 되찾으려는 생각밖에 없다. 그러나 현실은 그의 꿈을 용납하지 않는데…

F.스콧 피츠제럴드 지음 | 표상우 옮김 | 316쪽 | 양장본 | 값 12,000원

성과를 지배하는 바인더의 힘

열정만 있고 전략이 없으면 타 죽고 만다

프로가 되려면 성과가 있어야 하고, 성과를 내려면 프로세스를 바꾸거나 강화해야 한다. '시스템'과 '훈련'을 동시에 만족시켜 주는 탁월한 자기관리 시스템 다이어리 3P 바인더의 비밀을 전격 공개한다. 바인더는 훌륭한 개인 시스템이며 동시에 조직 시스템이고, 모든 조직원이 바인더를 사용한다면 굉장한 정보와 노하우의 공유가 일어난다. 저자 강규형은 20여 년간 500여 권의 서브바인더를 만들면서 기록관리, 목표관리, 시간관리, 업무관리, 지식관리, 독서경영 등을 꾸준히 실천하여 성과를 지배한 스페셜리스트이다. 이 책은 바인더와 책, 세미나를 통해 기적 같은 변화를 체험한 수많은 사람들의 사례와 이미지를 삽입하여 바인더를 활용하는 데 좀 더 이해하기 쉽도록 만들어졌다.

강규형 지음 | 342쪽 | 신국판 | 값 20,000원

잘못된 치아관리가 내 몸을 망친다

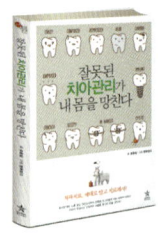

치아 건강은 하루아침에 이루어지는 것이 아니다

치아는 아침에 일어나는 순간부터 잠을 자는 순간까지 모든 음식을 맛보는 즐거움을 선사한다. 그만큼 치아건강은 사람의 행복을 좌우하는데 큰 영향을 미친다. 현직 치과의사가 말하는 일상생활에서 지켜야 할 치아 건강 관리법은 물론이고 치과 진료의 상세한 과정과 치과 진료에 대해 궁금했던 점까지 설명해주고 있는 이 책은 치아전문 일러스트레이터들이 직접 그린 일러스트를 통해 치료 과정을 쉽게 이해할 수 있도록 도움을 주고 있다. 또한 다양한 증상별로 어떻게 대처해야 하는지를 알려주기 때문에 이나 잇몸이 아플 때 늘 보는 가정상비용 책으로 비치해두면 유용한 책이다.

윤종일 지음 | 312쪽 | 4×6배판 | 값 20,000원

화웨이의 위대한 늑대문화

체계적으로 가장 신뢰할 수 있는 화웨이 이야기

68세의 상업사상가. 마흔을 넘긴 기업 전략가 10여 명, 2040세대 중심의 중간 관리자, 십여만 명에 달하는 2030세대 고급 엘리트와 지식인이 주축이 된 지식형 대군을 이끌고 전 세계 방방곡곡을 누빈다. 지난 20여 년 화웨이가 성공할 수 있었던 비결은 도대체 무엇인가? 어떻게 해서 성공을 계속해서 복제할 수 있는가? 화웨이의 다음 행보는 무엇일까? 전통적인 기업 관리 이론과 경험은 대부분 비(非)지식형 노동자에 의한 관리에서 비롯된다. 런정페이의 기업 관리 철학은 당대 관리학의 발전에 이바지했다. 즉 인터넷 문화 확산이라는 심각한 도전 앞에 지식형 노동자에 대한 관리 이론과 방법을 모색했다.

텐타오 · 우춘보 지음 | 이지은 옮김 | 4×6배판 | 364쪽 | 값 20,000원

www.facebook.co.kr/starrichbooks

니들이 결혼을 알어?

심리상담 전문가가 전하는 결혼에 대한 구도의 메시지

결혼은 액션이다! 아무런 행동도 하지 않고 막연히 앉아서 행복하길 기다리는 사람들의 결혼은 그 자체로 불행이다. 이 책은 결혼에 대해서 쉽게 접근할 수 있도록 스토리 형식으로 저자의 상담현장에서 생긴 사례를 토대로 기혼자들과 결혼 판타지에 빠진 청춘들에게 '꼭 해주고 싶은 말'을 담았다. 경고문 수준의 문구들이 대부분이지만 결혼식 준비는 철저하게 하면서, 결혼준비는 소홀히 하는 이들에게 결혼의 중요성을 일깨워준다. 늘 머리에 '살아? 말아?'를 되뇌며 살아가는 이들에게 '까짓 거 살아보지 뭐!'라며 툴툴 털고 일어서게 하는 힘이 되기를 바라고 있다.

이병준 · 박희진 지음 | 380쪽 | 신국판 | 값 18,000원

어둠의 딸, 태양 앞에 서다

초라한 들러리였던 삶을 행복한 주인공의 삶으로!

세계적인 베스트셀러 『시크릿』의 주인공 밥 프록터의 유일한 한국인 제자인 조성희 대표의 첫 번째 에세이 작품인 이 책은 스스로를 어둠의 딸이었다고 말할 정도로 어려운 환경에서 마인드 교육을 통해 변화된 자신의 이야기들이 담겨있다. '어둠'을 '얻음'으로 역전시키는 그녀만의 마인드 파워는 걸림돌도 디딤돌로 녹여버리고, 고뇌에 찬 결단과 과감한 도전정신으로 만들어낸 선물이다. 꿈이 없어 짙은 어둠의 터널 속에서 절망을 먹고 사는 사람들뿐만 아니라 심장이 뛰는 새로운 돌파구를 찾으려는 모든 사람들에게 이 책은 중독될 수밖에 없는 필독서이다.

조성희 지음 | 404쪽 | 신국판 | 값 18,900원

송경학 세무사에게 길을 묻다

CEO 및 자산가에게 필요한 상속 · 증여 · 금융 · 기업 세무 지식

중소 · 중견기업 CEO 및 자산가, 그들은 '세금'만 생각하면 머리가 지끈거린다. CEO의 필수 덕목이라고 일컫는 재무구조 개선과 인력 관리, 기업 문화 창출, 재충전이라는 말들은 중소 · 중견기업을 경영하는 CEO에게는 딴 세상의 이야기이기 때문이다. 이 책은 CEO와 자산가들의 가장 큰 고민거리인 세금에 대한 이해를 높이고 절세에 대한 다양한 노하우를 알려주고 있다. 회사운영 및 자산 취득, 가업승계 등과 관련된 다양한 문제들과 이에 대한 해결책을 제시하여 기업 CEO 및 자산가들이 현재 자신의 상황에서 가장 적절한 자산관리 및 가업승계 방법을 이해할 수 있을 것이다.

송경학 지음 | 272쪽 | 신국판 | 값 20,000원

논어로 리드하라

세상을 움직이는 여성 리더들의 필독서

현대에는 강하고 수직적인 남성적 리더십에서 더 나아가 감성적이며 관계지향적인 여성성이 요구되고 있다. 진취적이고 협력적이며 따뜻함까지 두루 갖춘 여성 리더의 사회진출이 높아지는 추세이나. 이러한 변화를 입증하기라도 하듯 한국에서 사상 최초로 여성 대통령이 탄생하였고, 국제적으로는 미국에서 국무부 장관으로 힐러리 클린턴이 있으며, 세계적으로 영향력 있는 여성 방송인으로는 오프라 윈프리를 꼽을 수 있다. 이 세 여성 지도자들의 공통점은 철학서적과 고전 등 많은 책을 통해 인생을 살아가는 데 있어 중요한 가치를 깨닫고, 더 나은 자신이 되기 위해 내면을 수양했다는 점이다. 이 책을 통해 더욱더 많은 여성이《논어》를 쉽게 접근하고 가까이하여 앞으로 더 많은 여성리더가 배출되는 날이 오기를 희망한다.

저우광위 지음 | 송은진 옮김 | 344쪽 | 신국판 | 값 18,000원

스타리치북스 출간도서

당신이 별처럼 빛날 수 있도록!

황태옥의 웃음 콘서트
웃어라!

웃음 컨설턴트 황태옥의 행복 메시지

이 책은 웃음 전도사로 유명한 펀앤코리아 황태옥 대표의 인생과 웃음 철학, 삶을 그려낸 책이다. 그녀가 어떻게 웃음으로 인생을 다시 되찾게 되었는지에 대한 감동적인 스토리와 그녀를 통해서 변화하게 된 사람들에 대한 여러 사례들, 나아가 지난 10년 동안 웃음과 함께 했던 모습들을 소개하여 그녀가 부지런히 달려온 지난날의 발자취를 고스란히 담고 있다.

저자는 《황태옥의 행복콘서트, 웃어라!》를 통해 우리 모두 삶을 웃음으로 업그레이드시켜 생활 속에서 행복 콘서트의 주인공이 될 수 있는 힘을 얻기를 바란다. 그래서 자신처럼 웃음으로 새로운 인생을 사는 수많은 행복한 인생이 이어지기를 희망한다.

황태옥 지음 | 260쪽 | 신국판 | 값 17,500원

굿바이, 스트레스

직장인의 성과를 관리하는 스트레스 활용법

흔히들 스트레스라고 하면, 부정적인 인식이 앞서 '나쁜 스트레스'만을 떠올리는 경우가 많다. 많은 이들은 과도한 스트레스 때문에 힘들어 하고 심한 경우 신체 질병까지 얻게 된다. 하지만 적절한 스트레스는 오히려 삶에 동기부여를 해줄 뿐 아니라 스스로에게 자극제가 된다. 이 책은 스트레스를 무조건 줄이라는 메시지를 담고 있는 것이 아닌 스트레스를 어떤 방법으로 관리할 것인가, 성과와 어떻게 연결시킬 수 있을지에 대한 방법을 소개하고 있다. 계속되는 스트레스로 그 안에서 헤매는 것이 아니라 긍정적인 마음의 근육을 키워 스트레스를 통해 새로운 에너지를 얻음으로 성과를 창출해내는 방법을 제시하고 있다.

이동환 지음 | 260쪽 | 4×6배판 | 값 18,000원

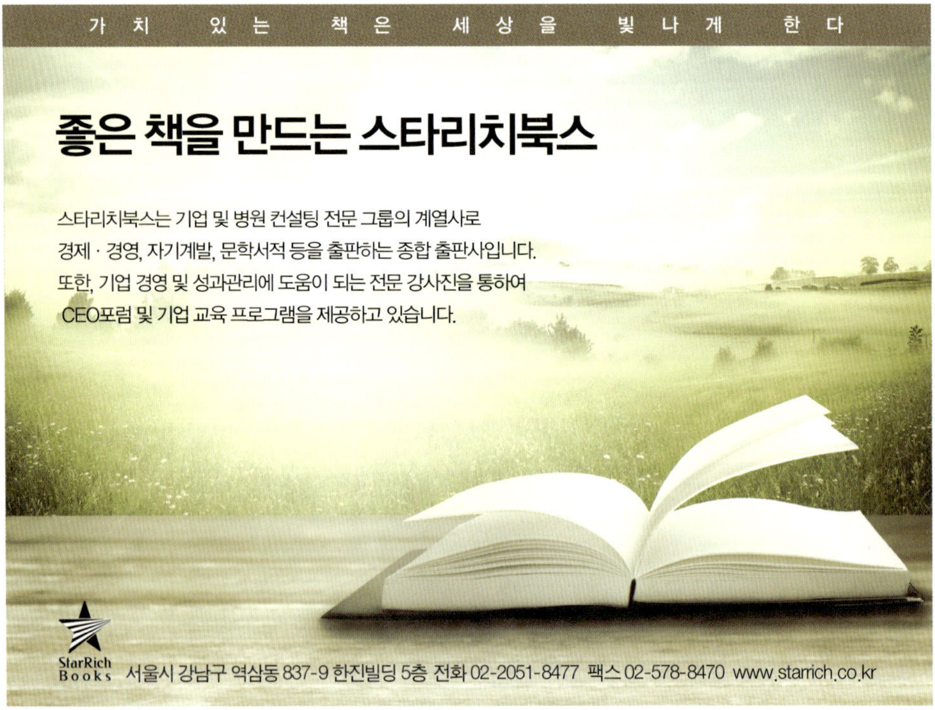

가 치 있 는 책 은 세 상 을 빛 나 게 한 다

좋은 책을 만드는 스타리치북스

스타리치북스는 기업 및 병원 컨설팅 전문 그룹의 계열사로
경제·경영, 자기계발, 문학서적 등을 출판하는 종합 출판사입니다.
또한, 기업 경영 및 성과관리에 도움이 되는 전문 강사진을 통하여
CEO포럼 및 기업 교육 프로그램을 제공하고 있습니다.

StarRich Books 서울시 강남구 역삼동 837-9 한진빌딩 5층 전화 02-2051-8477 팩스 02-578-8470 www.starrich.co.kr

      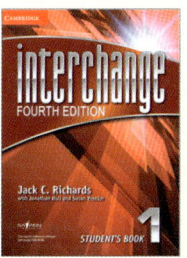 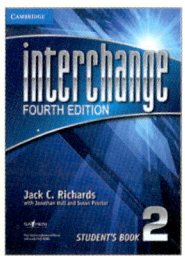 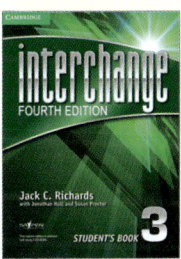 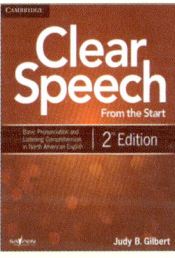  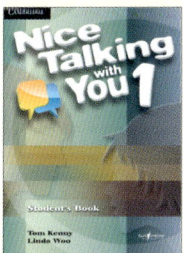 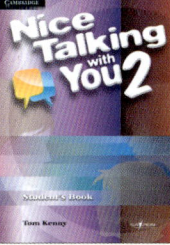

거대한 기회

초판 인쇄 2014년 10월 10일
초판 발행 2014년 10월 15일

지은이　김종춘
펴낸이　김광열
펴낸곳　(주)스타리치북스

출판책임　이승은
책임편집　이혜숙
출판진행　한수지
편집교정　김영희
일러스트　무슨(http://moosn.com)
편집디자인　권대홍 · 조인경
경영지원　김충모 · 이광수 · 김문숙 · 문성연 · 손연주
　　　　　　심두리 · 권다혜 · 한정록 · 명수인 · 공잔듸
　　　　　　김지혜 · 이지혜 · 이예림 · 최지현

등록　2013년 6월 12일 제2013-000172호
주소　서울시 강남구 강남대로62길 3 한진빌딩 5층
전화　02-2051-8477
홈페이지　www.starrich.co.kr
스타리치북스 페이스북　www.facebook.com/starrichbooks
스타리치포럼　http://cafe.naver.com/starrichforum

값 18,500원
ISBN 979-11-85982-01-4　13320